中华先烈人物故事汇

魏拯民

军事科学院解放军党史军史研究中心

学习出版社

中华先烈人物故事汇《魏拯民》编委会

主　编：陈秋波

编　著：钟　毅　杨伟刚

目　录

Contents

03 奔赴东北抗日前沿 / 042

04 艰苦卓绝的东北抗联斗争 / 072

引 子

提起东北抗日联军第一路军总司令杨靖宇，人们耳熟能详，但若说起魏拯民，人们不一定都知道。魏拯民是与杨靖宇并肩战斗，结下深厚革命、战斗友谊的中共东北组织和军队的高级干部和将领，是吉林省第一个中共省级机构——中共南满省委书记兼东北抗联第一路军副总司令、总政治部主任。2014 年 9 月 1 日，被列入民政部公布的第一批 300 名著名抗日英烈和英雄群体名录。

魏拯民，原名关有维，字伯张，又名魏锄耕、魏民生、魏明胜、李新良、张达、冯铿、冯康等。1909 年 2 月 3 日出生于山西省屯留县王村一户务农兼教书之家。1926 年 6 月加入共青团，1927 年 1 月转为中共党员。1932 年夏，受中共组织委派赴东北参加领导抗日武装斗争。1932 年 6 月到辽阳，1932 年夏到哈尔滨，先后担任中共哈尔滨临时市委组织部部长、东区区委书记、哈尔滨区委书记、东满特委书记。1934 年 10 月，当选中共满洲省委委员。1935 年 5 月，兼任东北人民革命军第 2 军政治委员。5 月末，赴苏联莫斯科向中共驻共产国际代表团汇报工作并参加共产国际第七次代表大会。

魏拯民是中共南满省委及东北抗联第 2 军和东北抗联第一路军的创建者之一。1936 年 2 月，魏拯民自苏联回国。3 月，东北人民革命军第 2 军改编为东北抗日联军第 2 军，王德泰任军长，魏拯民任政治委员。6 月底，魏拯民到达金川县河里地区与杨靖宇会师，应邀出席了中共南满第二次代表大会。会议决定将东北人民革命军第 1 军改编为东北抗日联军第 1 军。紧接着，在中共东、南满特委及东北抗联第 1、第 2 军主要领导干部联席会议上，正式成立中共南满省委，魏拯民任省委书记。会议同时决定将东北抗联第 1 军和第 2 军合编为东北抗日联军第一路军，杨靖宇任总司令兼政治委员，王德泰任副总司令，魏拯民任总政治部主任。

魏拯民是优秀的思想政治工作者。魏拯民为中共东、南满地区组织的恢复、发展，地方工作的开展，军队政治工作制度的健全都作出了突出贡献。在他的组织下，抚松、长白等县的地方中共组织迅速建立起来，有力打击了日伪统治。他特别重视共产党在东北抗联中的领导地位和领导作用。抗联第一路军中，团以上部队设党委，连设支部。他经常利用冬季部队在密营整训期间，举办党员训练班，亲自讲解共产党的基本知识、优良传统，亲自撰写了《政治读本》，作为干部战士的课本。魏拯民通过宣传中国共产党的抗日民族统一战线政策，对伪军进行分化、瓦解，使在东满人数较多的伪军哗变就有8次之多。

魏拯民是卓越的军事领导者。1936年11月，王德泰牺牲后，他临危受命担负起领导指挥第2军的重担。周保中评价他是“一位忠诚笃实很有毅力，富有一切能力，久经斗争的革命家，他的身体虽然不很强壮，可是他以十二分强度支持东满南满救国总会的工作，担负2军整个的领导”。在他的指挥下，第2军转战抚松、濛江、磐石、辉南、桦甸、长白、安图、临江等地，声东击西、攻城略地，千里游击，经常重创日本侵略者。

杨靖宇牺牲后，魏拯民成为东北抗联第一路军的实际领导者。1940 年 2 月 23 日，杨靖宇壮烈殉国，身患重病的魏拯民承担了全面领导与指挥东南满地区抗日游击战争和抗联第一路军的重任。第一路军所属部队在他的领导下，分散游击，打击日伪军薄弱环节，取得了一系列作战胜利。日本侵略者不得不承认，魏拯民代替杨靖宇指挥，东北抗日烈火不但没有熄灭，反而越烧越旺。

1941 年 1 月 20 日，魏拯民在桦甸县夹皮沟牡丹岭二道河子密营病逝，年仅 32 岁。

在魏拯民 16 年革命生涯中，有 9 年零 1 个月战斗在东北，其中 6 年战斗在吉林，直至生命的最后一息。魏拯民的一生虽然短暂，但却光彩辉煌。他用年轻的生命铸就了一个共产党员对共产主义事业的无限忠诚，谱写了为民族独立和人民解放英勇献身的壮丽诗篇。魏拯民的一生，充分体现了伟大的“抗联精神”。魏拯民的历史功绩将和伟大的“抗联精神”一道，永载史册！

01 觉醒的三晋青年

少年关有维

1909 年 2 月 3 日（农历己酉年正月十三），山西省屯留县路村乡王村的人们还沉浸在春节的喜庆气氛中，不时还有零零星星的鞭炮声传来，空气中飘荡着一丝丝淡淡的硫黄味儿。住在村东南的私塾先生关文濬家里的这个春节过得不同往年，喜庆中又多了一分期盼。原来是他媳妇魏氏就要临产了。

关家是外来户，祖籍在山东省桓台县关家村。清光绪年间，因连续天灾，庄稼无收，逃荒到山西省潞安府（今长治市）屯留县王村落户，靠租种土地为生。关家奉关羽为先祖，有耕读传家的传统。

落户王村后，经过几代人辛苦劳作，勤俭持家，到了关文濬的父亲这代，家里日子过得比较宽裕，关文濬小的时候，就被父亲送到潞安中学堂读书。毕业后，他在王村开办了一所私塾学堂，一边耕作、一边教书。

妻子不停地痛苦呻吟，让关文濬焦虑不安。一家人在紧张的气氛中刚吃完早饭，忽然，房里传来婴儿的啼哭声，不一会儿，接生婆出来报喜道："恭喜关先生，是个男娃。母子平安！"

关文濬一听欣喜若狂，在这新年之际喜得贵子，乃是吉祥之兆也！他连忙安排家人酬谢接生婆，一边在屋里踱着步子，他要给家里的这位长子起个能光宗耀祖的好名字。

按关家家谱，儿子这一辈是"有"字辈，他立马想起读书时对他影响最大的维新运动，其中的领导人就叫康有为，是他领导了这场社会变革。对，"有为"这个名字好。但细细一想，儿子的名字也不好与这位大人物同字，于是，关文濬就把"为"字改成了"维"字，叫关有维。也许在关文濬的心中，他是家中长子，就要担起维护家族的义务，而维字，也有革旧维新之意。当时的关家人谁也没预料到，他们殷切希望能成为维护家族的顶梁柱的关有维，长大后成为杰出的抗日将领——魏拯民。

魏拯民从小就天资聪慧，活泼好动而又很懂礼节，深得家人和乡邻的喜爱。母亲魏氏后来又生了一个弟弟和一个妹妹。魏拯民稍大一点，就开始帮母亲到农田薅草、捡麦穗，有时还带着弟弟妹妹去挖野菜。父亲在本村办私塾教书，魏拯民很小就随父亲学习背读古诗词、描红习字。8岁时，就能熟练地背诵《三字经》《百家姓》《千字文》以及唐诗宋词和《论语》的部分章句。1918年的秋天，魏拯民以优异的成绩考入屯留县第一高等小学。他学习刻苦用功，在班上他年龄最小，学习成绩却名列前茅。

在屯留高等小学里，魏拯民结识了一批与他志趣相投的同学。有栗村的罗灌中、南宋村的宋冠英和吴之冈等人，他们常在一起交流学习情况，关注国内外局势的发展变化。

当时，正是新民主主义革命开始时期，伟大

的五四爱国运动浪潮席卷全国。山西各地也陆续爆发了声援北京五四运动的爱国运动。魏拯民在学校常与老师和罗灌中等同学在一起讨论时事，有时还发生激烈的争论。

有一次，同学们讨论起学生该不该参加社会活动。有人说："我们现在是学生，就该将主要精力放在学习上，国家大事自有大人们管，我们关心也没用。"也有人说："学生就该死读书吗？那不成了书呆子，我们还是要关心国家大事。"一时间，大家争论不休。这时，魏拯民发表了自己的看法，他说："人在社会上，总得有为国为民的志气，不得遇事坐视旁观，采取毫不关心的态度。对帝国主义和封建军阀，你们不憎恨吗？我是憎恨他们的，将来有力量，一定打倒他们。我们要做有志青年，就应该以改造国家、改造社会为己任。我们大家总说要救中国，怎么去救中国呢？我看是必须从现在起就要有所作为，而不是等到以后。"他的一番话，说得大家心服口服，人人交口称赞。

魏拯民高小毕业后，就和几位要好的同学商量一起去报考位于太原的山西省立第一中学，约好了在文瀛湖畔再相聚。魏拯民回家同父亲商量，结果父亲不同意他报考，要求他留在家中，担起支撑家庭的担子。

此时的山西，在军阀阎锡山的统治之下，农村经济日渐凋敝，关家的日子也过得越发艰难。为了拴住魏拯民的心，父亲立马托人给魏拯民说了一门亲事，并很快让他与比自己大两岁的牛家堖村姓张的姑娘结婚。魏拯民拗不过父亲，只好听从他的安排。虽然结了婚，但求学的意愿始终没有泯灭。婚后不久，听到其他同学已考上省立第一中学的消息，他按捺不住再去找父亲商量，但仍遭到父亲的反对。

父亲关文濬当年也是个有抱负的知识青年，曾经人推荐远离家乡，到东北松花江畔靠近俄罗斯边境的北方边陲小城木兰县担任政府职员，试图干出一番事业。然而当时社会的黑暗现实，让他大失所望，最后只得怏怏而归。关文濬自此似乎有点看破红尘，并告诫魏拯民说："爸爸在外面闯荡过4年，外面是什么样的不比你知道？外面是很复杂、很黑暗、很危险的，不是你想的那个样子，你就老老实实守家在地吧。你是家里的长子，要担起我们关家的责任，我和你娘还得靠你养老送终呢。”最后父亲不得不拿出有力的一招来打消他的念头：“家里没钱你是知道的，你若是非要出去读书，家里是不会负担你一分钱学费的！”

魏拯民求学心切，无论父亲怎么阻挠也动摇不了他的决心，最终魏拯民病倒了。

魏拯民求学受阻的事传到了外祖父魏怀龙那里，外祖父一直非常喜欢魏拯民这个外孙子，平日里经常走十几里路来到王村看望这个肯学上进、有思想的外孙，对魏拯民继续求学的想法十分支持。魏拯民新婚妻子也支持丈夫的追求，为此也说动父亲张建铎来劝说。

一天，外祖父和岳父一起来到关家找关文濬说理，外祖父说：“你就想把娃捆在你的一亩三分地上吗？你就一点也不想让娃上进吗？这娃打小就是念书的料，我就是豁上我这条老命，也要供娃上学。”

最后达成共识，魏拯民上学的所有费用，由魏、张两家各出一半。就这样，在外祖父和岳父的资助下，魏拯民终于又有继续上学的机会了。

觉醒青年

1924 年夏，15 岁的魏拯民告别妻子和家人，踏上了赴太原的求学之路。

王村离太原有 500 多里路程，魏拯民为了省下路费钱，他能搭便车就搭便车，搭不上便车就徒步行走，日夜兼程，总算在规定的考试日期前赶到了太原。经过考试，他顺利地进入了梦想的山西省立第一中学。

学校坐落于文瀛湖畔状元桥边的“大贡院”。前身是 1906 年创办的山西公立中学堂，后相继更名为晋阳中学堂和山西省立模范中学堂，1913 年 8 月更名为山西省立第一中学校。

省立一中是山西省规模最大的中学，条件优越，师资力量雄厚，享誉省内外，备受有志青年仰慕。许多人在此接受了马列主义启蒙教育，走上了革命的道路。中国共产党的早期党员、五四运动时的北大学生会负责人高君宇就毕业于这所学校。

1919年8月，在高君宇的帮助下，省立一中进步青年王振翼等人在校创办了《平民》周刊，这是山西第一份传播马克思主义的进步刊物。1921年5月，高君宇回到母校，与贺昌、王振翼等发起成立了以“唤醒劳工，改造社会”为宗旨的太原社会主义青年团。这是山西建立的第一个青年团组织。1924年夏，受中共北方区委书记李大钊的委派，高君宇秘密进驻省立一中，与学生会主席彭真（傅懋恭）、进步青年王瀛等组建了太原第一个共产党小组，后改为中共太原支部。这是山西建立的第一个中共组织。

魏拯民一进入学校，立即被这里朝气蓬勃的气息所感染。学校里倡导新文化，传播马列主义新思想，开展探求救国救民真理的大讨论，各种进步活动极大地吸引着他。魏拯民在班里年龄虽小，但思想活跃，敢说敢做，有强烈的正义感，很快成为学校活动的积极分子。

比他早一年入校的屯留高小的同学罗灌中、

宋冠英、吴之冈等人又聚在一起了，魏拯民迫不及待地向他们打听这一年多国内外发生的大事，想方设法借阅各种进步书刊。

罗灌中是学校里热衷活动的进步青年，他在校中共组织和彭真等人的引导下，学习马克思、列宁的理论著作，多次参加反帝、反封建的爱国学生运动，是中共组织重点培养的对象。

不久，罗灌中就介绍魏拯民加入了学校的青年学会。青年学会名义上是学校校友组织的学术团体，实际是太原中共组织传播马列主义、宣传革命思想的主要阵地。在这里，罗灌中又介绍魏拯民认识了彭真。

初次见面，彭真笑着对魏拯民说："可算见到灌中他们心心念念的小学弟了，听说你年龄虽小，但常出惊人之语啊。"

魏拯民高兴地回答道："哪有他们说得那么夸张，我就是想到哪说到哪。"

彭真赞许道："我看他们没有夸张，我们年轻人就应该想到什么就说出来，想做什么就努力去做，不能畏畏缩缩、裹足不前。"

彭真非常欣赏魏拯民，真诚地说：“青年学会是个解放思想的地方，欢迎你经常来这里参加活动，发表你对时局的看法，一起加入到我们共同奋斗的事业中来吧。”

魏拯民在这里读到了《向导》《新青年》《民国日报》等宣传马列主义和孙中山三民主义的书籍，听到了他久仰的高君宇、贺昌、彭真等人充满激情的报告，心中豁然开朗起来，很多以前苦思不解的问题，都在书里、在他们的报告中找到了答案。他更加关注时事，关心老百姓疾苦，孜孜以求救国救民的道理。认识到只有推翻军阀统治，进行社会革命，才能救中国，更加坚定他投身于救国救民的社会革命之中的决心。

1925 年年初，山西军阀阎锡山大肆增兵，同时还要担负北洋军阀段祺瑞两万练兵的费用。为弥补扩军的巨额开支，阎锡山下令全省各县在农村开征“房屋估价税”，即农村所有房产包括牛棚、马棚、猪圈和厕所等在内均逐房登记估价，限 3 个月内按房产值百抽九纳税，逾期不缴者加倍处罚。山西税务是其他省的 3 倍多，压得全省百姓喘不过气来，人民叫苦连天。

太原各校学生大多来自全省各地农村，他们都为自家承受的房税重压极度愤懑。此时，中共太原党支部和共青团太原地委决定，利用阎锡山的这次所谓“房屋估价税”，发动共产党员和共青团员，通过山西省学生联合会开展一次反阎的群众运动。

1925 年 4 月 28 日，山西省学生联合会集合 22 所学校的 8000 余名学生，声势浩大地来到省议会举行请愿活动，他们高呼“反对乱加赋税”“给百姓一条活路”“取消‘房屋估价税’”等口号，省会议员一见这阵势，连忙逃跑一空。反税斗争一直持续到 5 月 18 日。

魏拯民积极踊跃地参加了这次由学校组织的反房税斗争，他和同学们一起书写大字报，还专门制作了书写着“废除恶税”“为民请命”“惩办三贼”的旗帜。游行时，他和彭真、罗瀛中等走在队伍前列，高呼“打倒军阀”“反对房税”“反对贪官”等口号。

游行队伍行至督军府时，大家推举了王瀛、罗瀛中等 22 名学生代表进入督军府，面见阎锡

打倒軍閥反對房

山，慷慨陈词老百姓的苦难，痛诉收取房税的不合理性。其他示威的学生围在督军府前，一面等待谈判代表的消息，一面向围观的市民讲解政府强征房税给广大人民群众带来的灾难。

时近中午，示威的学生不见代表出来，都很着急，一致高呼“不许扣留代表”，并开始往督军府院里冲。在愤怒的学生群众的强力冲击下，督军府大门被冲开。

阎锡山迫于学生斗争的强大威力，再加上国民军对山西的包围之势，不得不答应将房税立即取消，并亲自写下：“房屋估价补契办法，着即取消。关于此项税款，如有收起者，立即退还，以昭公允。”反房税斗争取得胜利。

山西学生敢于公开反对阎锡山的政治法令，并能迫使政府当局收回成命，在全省造成了极大的政治影响，全省人民对反房税运动无不额手称庆。反房税斗争的胜利，极大地鼓舞了全省人民的革命斗志。通过这次运动，魏拯民看到了群众的力量，也得到了极大的锻炼，使他的政治觉悟和斗争精神又有了新的提高。

在斗争中成长

1925 年 5 月间，上海、青岛的日本纱厂先后发生工人罢工的斗争，遭到日本帝国主义和北洋军阀的镇压。15 日，上海内外棉第七厂日本资本家枪杀了工人、共产党员顾正红。29 日，青岛工人被反动政府屠杀 10 余人。30 日，在中国共产党领导下，上海 2000 多名工人和学生走上街头，来到公共租界进行宣传演讲，100 多名学生和工人遭巡捕逮捕，被拘押在南京路老闸巡捕房内，引起了学生和市民的极大愤慨。随后，近万人民群众聚集在巡捕房门口，要求释放被捕学生。这时，英国巡捕突然开枪，打死学生、工人等 13 人，伤者不计其数。震惊中外的五卅惨案爆发。

上海五卅惨案的消息传到了太原，立即在各学校学生中引起强烈反响。刚经历过反税运动锻炼的魏拯民听到后，感到无比的愤慨，他放下手中的书本找到罗灌中说："帝国主义真是坏透了，胆敢在中国的土地上杀害我们的同胞，我们应该行动起来，以实际行动援助上海工人和学生的斗争。"

这时，中共太原党团组织负责人彭真，正急忙联系太原工商学各界人士，提出采取一致行动，援助上海。他们召开会议，改组了太原各学校学生联合会，并推荐省立一中的王瀛担任学联会主席，还成立了专门的募款委员会、学生军筹备委员会、援助农工委员会、抵制英日货委员会等机构，同时决定开展罢工、罢课进行斗争。

魏拯民和罗灌中与青年学会的同学们一起，日夜不停地写标语、印传单，忙得不可开交。经过充分准备，6月6日，在太原市学联会的组织下，太原各大中小学的学生一致罢课，并在文瀛公园集会，声援上海人民的斗争。魏拯民走在游行示威的队伍中，一边散发反帝传单，一边带头高呼"打倒帝国主义""收回外国租界"的口号，遇到人多的地方，他站出来大声向路人讲演，揭露帝国主义制造五卅惨案的真相。

在太原市学联会的带领下，很快组成了由省

城工、商、学、市民等30多个团体参加的太原市民沪案后援会。6月10日，太原市民沪案后援会发动太原市民、学生举行了反帝大游行，学生罢课、商人罢市、工人罢工，并组织了有3万多人参加的五卅惨案死难烈士公祭大会，把反帝爱国运动再次推向高潮，唤起了广大人民群众的觉醒。

魏拯民经过几场革命运动的洗礼，很快成长起来。1926年6月14日，他光荣地加入了中国共产主义青年团。入团后，他参加共青团和青年学会的各种活动更加积极，还能独立担负起重要的工作。

离省立一中不远有所平民小学，这是省立一中团组织为了解决附近平民子弟入学难的问题而创办的业余学校。一方面可以教授附近的贫民子弟学习文化知识，另一方面作为团组织开展活动的秘密地点。魏拯民主动要求到平民小学任教，同时负责中共和共青团组织宣传材料的编抄、印刷工作。

他深感责任重大，索性就住在平民学校里。白天担任教学工作，晚上完成党团组织交代的任务。学校的党团工作都是秘密进行的，为了不引起当局注意，他常常把黑板挂在玻璃窗上，以防露出亮光。如有重要活动，他还特地安排两名同学在门口放哨。

1926年6月末的一个星期天，时任省立一中中共支部书记的罗灌中来到平民小学同魏拯民交流学生运动的情况。他说："现在太原、长治等地的学生运动非常活跃，他们通过学生联合会联络、组织学生开展活动，效果非常好。只是我们屯留县还没有组织学联，所以学生运动开展得差一些。我想利用暑假期间，我们回屯留组建学联，把家乡的学生运动搞上去。"

魏拯民说："太好了！我早就有这个想法。最近好多屯留的学生要求县政府给中学生提供补助，县政府始终含糊其词就是不答应，我们成立了学联，正好可以把大家组织起来，到县政府请愿。"

罗灌中说："这个办法好。我们先召开一个在太原的屯留学生代表会，统一思想，明确任务。"

魏拯民答应道："好，我立马去通知。"

一天晚上，屯留县在太原读书的各学校的党团员代表十几人陆续来到平民小学，参加由罗灌中、魏拯民组织召开的一次特别会议。

会议决定，暑假期间，在太原的屯留县学生全部回乡，组织建立屯留县学生联合会，开展学生运动。以中学生补助问题向县政府提出要求并上街游行。会后，罗灌中委托魏拯民以“屯留旅省同乡会”的名义通知屯留县在外地求学的同学，并约定了集会的地点和日期。

7月上旬，魏拯民、罗灌中等回到屯留县城召集在外地读书并按时回乡的学生们聚集在城内关帝庙开会，正式成立“屯留县学生联合会”。大家选举罗灌中为学联总务（即主席），魏拯民、吴之冈、黄芳轩、孟克智等为常务委员。学联下设4个股：交涉津贴股，魏拯民任股长；清查贪污股，吴之冈任股长；助农抗税股，黄芳轩任股长；抵制洋货股，孟克智任股长。

会后，学生们在关帝庙挂起学联牌子，在大街小巷贴标语，进行游行示威，散发传单，发表演说，高呼“团结起来！”“打倒帝国主义！”“反对军阀、反对贪官污吏！”等口号，然后向县政府递交请愿书，要求屯留县政府对在外地上中学的学生给予津贴补助。由于这次学联组织的学生运动，声势浩大，组织严密，有礼有节，最终县政府答应了学生们的请愿要求，学生们取得了胜利！

这件事在屯留引起很大震动，学联一下子成为老百姓告状的部门，不少百姓纷纷来到学联反映县公款局长贪污修路、建桥款的事。魏拯民等同学再次领导学联提出反贪抗税的口号，将宣传标语贴满屯留县城的大街小巷。同时，魏拯民还和学联的学生们下乡发动农民开展抗交附加田税的斗争。这一连串的行动极大地震慑了屯留的贪官污吏，激发了全县人民群众的反抗斗志。

1927 年 1 月的一天，罗灌中兴高采烈地来到平民小学找到魏拯民。他郑重地对魏拯民说："告诉你一个好消息，经过校党组织的考察，报上级党组织批准，同意你转为中国共产党党员了。祝贺你，关有维同志！"

魏拯民听后激动地说："谢谢党组织的培养和信任！"他紧紧地握着老同学的手，眼里含着泪花。

当晚，罗灌中为魏拯民举行了入党仪式。入

党仪式后，罗灌中对魏拯民说：“我们屯留县的党支部上个月已经在南宋村成立了，我是支部书记，宋冠英是组织干事，吴之冈是青年干事，杨葆田负责收转党内文件。你也要在屯留县党支部领导下过组织生活、开展工作。但对外，我们还要继续以屯留县学生联合会的名义开展革命活动。”

魏拯民说：“太好了，都是一起战斗过的好同学、好同志，我一定不辜负组织和同志们的信任，加倍努力为党工作！”

02 投身革命洪流

悼念李大钊

1927 年，蒋介石发动四一二反革命政变后，开始大肆逮捕屠杀共产党人，革命形势变得异常复杂和艰难。5 月初，又传来中共创始人李大钊被奉系军阀张作霖杀害的噩耗。省立一中的同学们无比悲痛。当晚，校中共组织在太原一中平民小学的一间教室里，举行了太原一中党团员参加的悼念李大钊同志的追悼会，魏拯民主持，罗灌中致悼词。

5 月 5 日，太原中共组织在太原国民师范学校召开追悼李大钊的大会，公开揭露新旧军阀同流合污、武装镇压革命人士的反动面目。

这天，太原国民师范学校大礼堂布置得庄严肃穆，正中悬挂着李大钊的画像，画像两侧的挽联写道：“革命未成遗隐恨，精神不死敬前功。”两壁张贴了许多标语。上午8时许，魏拯民和省立一中的师生及各大中学校的教师、学生、工厂的工人以及各界群众络绎不绝地来到国民师范学校，怀着悲痛的心情准备参加追悼大会。就在悼念的队伍准备进入会场的时候，阎锡山派来一个营的士兵，荷枪实弹突然赶到学校，迅速封锁了校门，包围了礼堂。

尚未进入学校的群众被拦在校门外，校内的群众也不能走进礼堂。悼念大会无法按时举行，礼堂内外的人们十分气愤，愤怒地高呼起了口号：

“李大钊精神不死！”

“打倒军阀张作霖！”

“向封建军阀讨还血债！”

“打倒新军阀蒋介石！”

……

看到群众高呼口号，阎锡山派来的士兵举枪干涉，企图进行阻止，但愤怒的群众情绪越来越高涨，口号声此伏彼起。就这样，一直僵持到下午两三点钟，悼念大会还是无法举行。阎锡山的军队多次喝令群众散开，形势变得越来越紧张。

在多次交涉无果的情况下，为避免发生流血冲突，隐蔽在人群中的太原中共组织负责人颜昌杰、崔锄人秘密指示薄一波和国民师范的共产党员张勋出来向群众作解散动员的工作。而参加悼念李大钊的人民群众始终不愿离开，并且继续高呼口号。军警举枪开始驱赶群众，后来将没有及时撤退的张勋、武学和等 4 名青年逮捕。

随后，阎锡山派出大批军警进驻太原市各大中学校，限制学生们集会、游行。学联的活动受到严密监视和控制，各校的门口都设立了宪兵岗哨，学生的出入一律进行严格检查。并对各学校进行“清校”，凡列入“黑名单”的学生，一律驱逐离校。

魏拯民的身份虽未暴露，但因积极参加学生活动，还是被学校当局开除。他只好与屯留县的罗灌中、吴之冈等同学一起返乡，回屯留县到农村去继续开展革命斗争。

回到屯留县城后，魏拯民、罗灌中、吴之冈等把“屯留县学生联合会”的牌匾重新挂在关帝庙西殿门旁，再次把关帝庙作为据点，继续开展革命活动。他们白天深入到民众中宣传革命道理，晚上在庙里开会、印刷传单。

为了鼓舞斗志，魏拯民把“流血是家常便饭，牺牲乃无上光荣”写成大字标语，贴在关帝庙的墙上。

不久，中共山西省委成立，颜昌杰任书记，崔锄人任组织部部长，王鸿钧任宣传部部长，省委下辖太原、汾阳、榆次、临汾、晋城 5 个地方执行委员会。屯留支部归属晋城执委会领导。

1927 年 7 月，中共屯留支部接到中共山西省委的指示信，根据指示信，屯留支部派魏拯民、史守智赶赴武汉找中共中央联系。

听说要去中共中央所在地武汉，魏拯民兴奋不已，到时可以直接聆听中共中央的指示了。他和史守智连夜启程，经过连续几天的奔波，终于到达武昌。根据事先约定的接头地点和暗语，魏拯民和史守智见到了中共中央候补委员、中央农委负责人陈潭秋。

魏拯民向陈潭秋汇报了屯留中共支部的活动情况，并请他作指示。陈潭秋听了他们的汇报后，对他们深入农村宣传发动群众的做法给予了肯定和鼓励。最后说道："武汉时局风雨飘摇很危险，你们要尽快离开武汉。"

魏拯民听了后也不好多问，于是二人不敢多留，只好立即返回。在路经河南汜水境内时，不幸遭到土匪的抢劫和毒打。

1927 年 7 月 15 日，汪精卫控制的武汉国民政府叛变革命，大肆捕杀中共党员，白色恐怖笼罩全国，革命形势进一步恶化。

山西的阎锡山跟随蒋、汪的步伐，开始残酷"清党"。阎锡山派出以吴景太为首的 3 个"清党"委员来到屯留县，声称要逮捕罗灌中等人。当时罗灌中正在南宋村东河滩苇地里召开党支部会议，接到报信，屯留县党支部立即研究决定：为保证罗灌中的安全和党支部工作不受损失，党支部书记由宋冠英接任，罗灌中以小学教师身份作掩护回到家乡隐蔽。

魏拯民气愤地说道："不能让那所谓的'清党'委员为所欲为，我们也要想办法来惩治一下他们。"

宋冠英赞同道："对，必须找机会惩治他们。"

魏拯民想了想，又继续说道："这些人本身就是无赖流氓，劣迹斑斑，不难找到把柄，我们就在这方面突破，通过他们的'官方'处理他们，这是'阳谋'。"

魏拯民立即组织开展调查，很快掌握了吴景太等 3 人吸毒、奸污妇女、讹诈勒索民财等证据，不久就巧妙地把其中的两人送进了监狱。

北平求学创《锄耕》

1928 年 2 月，组织安排宋冠英回北平北京大学复课并领导学生运动，罗灌中再次担任中共屯留县支部书记。当时形势十分险恶，罗灌中让处境危险的党团员疏散到晋中、绥远、榆次等地隐蔽，其他的党团员分散到县里各地转入地下进行秘密斗争。魏拯民也只好暂时到晋中榆社县中学读书。

4月，罗灌中不幸被捕，中共屯留县支部从此与上级失去了联系。魏拯民由于在历次斗争中都走在前列，过于活跃，榆社中学也不是很安全的地方，于是不得不离开家乡。

他打算先去北平看看，然后再去山东济南报考齐鲁大学，据说那里学费便宜。

魏拯民到北平后，找到回北大读书的宋冠英。同学战友异乡相见，感慨万千。魏拯民告诉他罗灌中被捕的消息。宋冠英听后非常气愤，对蒋介石、汪精卫背叛革命，用血腥手段屠杀共产党人的卑劣行径异常痛恨，同时对被捕同志的境遇感到非常担心。

魏拯民说："灌中同志是我的同学，也是我的领路人，我了解他，他不会暴露身份的，更不会背叛组织，敌人关不了他多久。"

果然如魏拯民所说，罗灌中被国民党逮捕后，押至太原关进了山西省监狱。在狱中，罗灌中多次遭到酷刑审讯，但他大义凛然，坚贞不屈。当局怎么也找不到他是共产党员的证据，只好关了3个月后，将他转押到山西反省院进行“反省”。反省院3个月为一期，只要表现“好”点的就可获释。但罗灌中表现“不好”，一直“反省”了5期才被放了出来。

魏拯民还见到了在北京师范大学读书的同乡同学李长路和李次路兄弟俩。当时李次路正准备考北平弘达学院，于是，在宋冠英和李长路兄弟的劝说下，魏拯民改变了主意，决定留在北平，最后和李次路一起考进了弘达学院读书。

由于弘达学院没有宿舍，魏拯民就住在珠市口西街潞安会馆。住在这里的人，大多为山西长治一带的贫困小职员或学生，房费很便宜，几张大炕铺，挤得满满的。后来为了工作方便，魏拯民就和新结识的吉林籍同学姚新一（原名唐吉昆）一起租了一间民房。

当时的北平，学生、工人运动风起云涌，矢志报国的魏拯民更难以安心坐在书斋里读书。他在宋冠英的领导下，经常和姚新一一起走出校门，迈入社会，积极参加北平的三轮车工人罢工、邮务工人罢工以及门头沟工人、通州农民反对剥削、反对压迫的斗争。

魏拯民和姚新一在租住的民房里写标语、印传单，然后把这些宣传品送到各地。他们通常是两人一起上街，一个人作掩护，一个向人群散发传单。在共同的理想和事业中，结下了深厚的革命友谊。

1929 年秋，魏拯民介绍姚新一加入了中国共产党。第二年，姚新一受中共组织派遣，回东北佳木斯桦川中学以英语教员为掩护，从事共产党的地下工作。在姚新一的启迪下，先后培养了像著名英雄“八女投江”中的指导员郑志民（冷云）等一批爱国青年走上了革命道路。

大革命失败后，白色恐怖笼罩北平。大批中共党员被捕、被杀。魏拯民、宋冠英、李长路等人身在北平，但仍心系着屯留县的革命活动情况。当他们得知家乡的党团员因地处偏远和分散，信息闭塞时，决定用办进步期刊的办法进行指导，鼓舞他们革命的勇气。在得到屯留县中共组织的同意后，1930 年 5 月，一份名为《锄耕》的期刊诞生了。

“锄”，寓意把腐朽的军阀、封建势力，连根铲除；“耕”，寓意要通过辛勤努力，建设一个民主、自由的新社会。《锄耕》的内容根据革命斗争情况需要设置。魏拯民为刊物设计了“屯留记事”“屯留无太阳”“评论”“自由论坛”“杂记”等专栏。所刊登的内容均以屯留县发生的一些事情为主，揭露屯留的贪官污吏、土豪劣绅对屯留人民的压迫，颂扬屯留人民反抗压迫的革命活动。

编刊的大部分工作都由魏拯民承担，他既要负责撰稿，又要负责印刷、装订、邮递等工作，每天忙个不停。

魏拯民在《锄耕》创刊号上发表了署名“魏锄耕”的文章，这是他参加革命后使用的第一个化名。

《锄耕》出版后，在当地引起很大的反响，她像一把利剑，刺向官绅，鞭挞腐恶，唤醒民众，有力地推动了屯留县反帝反封建的斗争。

上安阳军校

1930 年 11 月，魏拯民在北平弘达学院的革命活动被当局发觉，受到追捕。随后，正值国民党第 13 路军总指挥石友三在安阳开办军事干部学校，企图网罗一批知识青年为其效力。北平的中共组织利用这个机会决定派魏拯民等一批进步青年打进该校学习军事。

安阳陆军干部学校，位于河南省安阳县城近郊西北方，学校四周架着铁丝网，好像一座集中营。学校管理一派军阀作风，学员过着囚徒般的生活。该校实行高强度的军事化管理，没有寒暑假，每天无休止地操练，除了出操训话，就是准备军长石友三来“阅操”。石友三虽然名为第 13 路军干部学校校长，但并不住在学校，而住在邢台的第 13 路军司令部。学校的具体管理工作，全由副校长石友信（石友三弟弟）负责，石友三只是每月定期来校“阅操”。

魏拯民是插班生，被分配到第 14 分队。入校时已是初冬时节，天气渐渐转冷了，穿的军装还很单薄。学校的术科（技术性科目），都带有动作性，因此多数在教室外面学习、操作。不管是刮风下雨，还是雪天，都得在地里滚爬，练习射击瞄准，一趴就是大半天的时间。学员们只有一套军服，训练时磨得破旧不堪，也不发新的，仍旧穿着训练。上课时，稍有不注意就要受到野蛮的体罚。如果有一个学员违纪，就要株连数人被罚。学员不许读报，不许请假，看书也得经过检查才允许看。魏拯民十分讨厌这里的生活。他在日记里写道：

“在今日的军阀混战时代，一切不仁道的痛苦，何其这样多？……在这样的社会，在何处都如地狱一样，并无什么不同。

“像这样的现象，我们还能忍受吗？还能忍耐吗？不能忍耐！只有一条路可以使我们走，我们走上去吧！不要再徘徊了。

“如此的黑暗，以后非根本改造不可！……真正革命的人，做事要光明磊落，要做常人所不能做的工作，要忍受常人所不能忍受的苦。要做空前绝后的为人类幸福的一桩伟大事业，必须在以前有充分的预备与准备，方可以有胜利之操，成功之可能。”

魏拯民以极大的耐力一边刻苦学习军事，一边在学员中组织读书小组，以读书小组的名义宣传革命思想，他时常告诫同学们：

“在校无论什么科目，皆应用心学习，努力地去学习，刻苦地学习。尤其是在中国的时局千变万化的今日，更当是要努力。……做事与工作都要认真，注意用心用脑，绝不要一瓶子不满，半瓶子晃荡。尤其是术科不要看着容易，着实叫你去做，你就觉得难了。……常常努力学习，才可以学好、做好。即贵学有恒，有恒还要努力。……在青年之际，要努力去干，千万不要：少壮不努力，老大徒伤悲。……要相信俗语，练兵千日，用兵一时，平素练而战时用。要知道为什么来军校？是求学军事的。”

魏拯民在军校发现了一些进步的青年同学，就主动接近他们，启发他们。在三四个月的时间里，他就秘密发展了4名同学为中共党员。

1931年4月，魏拯民在军校患了严重的痔疮，不能参加军训和出操，因此被军校开除。

魏拯民在安阳军校学习期间，曾收到家中来信，信中告知他妻子病重，但因为学校规定一律不得请假，就没能回去看望。离开军校回到家中后，才得知妻子张氏刚刚病故，几年不见已经4岁多的儿子身上还戴着重孝。魏拯民与妻子张氏虽是包办婚姻，但结婚以来感情很好。张氏比魏拯民大两岁，读过私塾，婚后在魏拯民的影响下，也喜欢读书，还跟他学诗，平时也理解和支持丈夫追求理想。为了能让魏拯民去太原读书，她还说动了自己的父亲承担了魏拯民上学的部分费用。如今是人去屋空，睹物伤情，魏拯民悲痛万分。

魏拯民父亲担心儿子还要离家出走，想拴住他心和人，不顾及他的感受，就要给他提亲续婚。魏拯民明白父亲的用意，但又不好伤老人的心，无奈想了个主意来应付。他对父亲说：“李长路刚从北京捎信过来，说在一家报馆给我找了个工作，那职位很少出缺，让我必须赶快去，否则将失去这个好机会。”

父亲到底还是不愿耽搁儿子的前程，只好同意他去。

魏拯民再次返回北平后，经人介绍在京城印刷局找到一份校对工作，仍住在潞安会馆。

当时李长路、赵秀龙因工作原因不在北平，与宋冠英联系上后，见到他时正患病咳血卧床不起。自魏拯民离开后，《锄耕》已有好长时间没能出版。魏拯民一边护理宋冠英治病，一边坚持撰稿编印《锄耕》。在他的努力下，新的一期《锄耕》终于又出版了。这一时期，魏拯民的生活经费十分拮据，在最困难的时候，幸亏吴之冈从屯留寄来20元大洋，才解了燃眉之急。

03

奔赴东北抗日前沿

辽阳小堡村夺粮

1931 年 9 月 18 日，日本帝国主义悍然发动了武装侵占中国东北的事变。由于国民党政府实行“不抵抗”政策，日本侵略者在短短 4 个多月时间内，就基本侵占了中国的东北三省，并扶植成立伪满洲国傀儡政权，对东北人民实行野蛮殖民统治。不愿当亡国奴的东北人民不甘心屈服，在中国共产党的号召、参与组织和领导下，组织起了义勇军等抗日武装力量，白山密林，黑水之滨，到处燃起了抗日斗争的烽火。在民族危机的严重关头，中国共产党率先高举武装抗日的旗帜，号召全国人民动员起来，将日本帝国主义驱逐出中国，全国掀起了轰轰烈烈的抗日救国斗争。中共中央为了加强对东北抗日斗争的领导，在指示东北地区的中共组织坚持抗日斗争的同时，还选派了许多优秀党员到东北地区工作。

魏拯民主动请缨要求去东北抗日最前线，誓言要和3000万东北同胞并肩战斗、同日本侵略者血战到底，直至将一腔热血洒在东北的大地上！

他说："我虽没见过长白山，没见过松花江，可我一闭上眼睛，就仿佛看到那里到处是战火，到处是血迹。我立刻想到那里去，拿起武器和敌人拼个你死我活。"

为了表达他到东北抗日到底的坚强决心，特地将关有维的名字改为魏拯民。从此，魏拯民这个名字一直伴随他为抗日斗争流尽最后一滴血。

1932年6月，在中共河北省委的安排下，魏拯民来到辽宁省南部的辽阳小堡东北民众抗日义勇军第24路开展抗日工作。

辽阳小堡，位于辽阳、沈阳、本溪之间，相

距都在60里左右，三面环山，是开展抗日斗争十分活跃的地方。

早在1932年的二三月间，中共河北省委、北平市委派冯基平、李兆麟、杨寿天、林郁青等人到辽阳小堡一带组织抗日义勇军。他们以东北民众抗日救国会的名义，把当地的“三江”“三省”“燕子”等小股武装和民团组织起来联合抗日，成立了东北民众抗日义勇军第24路。

义勇军第24路成立后，异常活跃，在李兆麟等人的领导下，消灭了投降日本、鱼肉乡里的反动武装“洪盛团”，击溃了盘踞唐家堡子等地危害人民的反动民团武装“南大会”千余人，攻打了铧子沟煤矿，活捉了日本人久留岛，给日本侵略者以沉重的打击。

4月间，李兆麟到北平汇报工作时，要求省委再增派干部到辽阳协助工作。6月，中共河北省委即派夏尚志、魏拯民、王守贤、丁济阳、小周、田黎平等10多名党团员到辽阳。

李兆麟热情欢迎了魏拯民一行。他高兴地说道：“我们现在真的急需干部啊，你们来了就是辽阳抗日的及时雨啊！”

魏拯民看到比他还小一岁的李兆麟已经在抗日战场上大显身手，跟日伪军真刀真枪地拼杀过多少次了，还取得了很大的战绩，很是钦佩。魏拯民表示：“组织派我们过来，是协助你们工作的，你们在这么短的时间内，取得了义勇军的领导权，还打了几场胜仗，辽阳人民的抗日热情已经被你们点燃了，太了不起了！需要我们做什么，请尽管安排，无论什么工作，我们都尽力做好，一起为辽阳的抗日烈火再添一把柴！”

魏拯民被安排到辽阳小堡一带做抗日宣传和发动群众的工作，负责组建群众组织，配合支援义勇军武装抗日。

他们一到辽阳，就马不停蹄地深入到各村屯和农民群众家里，了解情况，宣传中国共产党的抗日主张。魏拯民了解到，当地人民群众不但痛恨日本侵略者，也被地主恶霸、土豪劣绅压得喘不过气来。

当时正值青黄不接闹春荒的时候，许多农民家里缺粮断顿，春耕时节又缺少种子种地，而地主们不顾当地农民的死活，囤积居奇。魏拯民知道后，先是动员地主大户把粮借给农民以度春荒，地主们根本不听，偷偷地把粮食运到城里去卖高价。于是，魏拯民组织几个农民连夜堵截粮车，然后召开群众大会，把夺得的粮食全部分给贫苦农民。小堡村的分粮斗争很快传到各村，附近 20 多个村屯在他们的组织下也都行动起来，分粮斗争在当地影响很大。

农民有了粮食，欢天喜地，纷纷加入到抗日的斗争中。魏拯民又组织农民先后建立了反帝大同盟、农民大同盟，还有穷人会、妇女会和少年先锋队。成立了共青团支部，在青年骨干中发展了一批共青团员，组织他们破坏日伪铁路、通信电线，积极配合义勇军的行动。

哪里有群众聚集的场合，哪里就有魏拯民宣传抗日救国的身影。1932 年夏，当地传统的泰山庙神节虽然已经结束，但相当多的群众还未散去。魏拯民决定利用这次机会扩大抗日宣传。他油印了 1300 多份写有反日救国口号的传单，安排“穷人会”的青年骨干带到庙会向群众散发。他也来到庙会向群众宣传共产党抗日的主张。

这天，魏拯民走到人群较多的地方，站在一高处大声向群众喊道：“同胞们，穷苦兄弟们，日本帝国主义侵占我国的领土，霸占我们的资源，欺压我们的人民，我们不能当亡国奴啊！我们要行动起来，团结起来，把日本侵略赶出中国！”“打倒日本侵略者！”“日本鬼子从东北滚出去！”“中国人誓死不做亡国奴！”“工农兄弟团结起来，武装起来！”围观的群众受到感染，也纷纷跟着高呼口号，呼出了人民大众心中压抑已久的呐喊。

魏拯民在辽阳小堡工作不久，即接到上级指示，继续北上到哈尔滨中共满洲省委报到。

领导哈尔滨工人运动

九一八事变后，日军占领了沈阳，中共满洲省委不得不由沈阳迁至哈尔滨市。魏拯民到哈尔滨后，中共满洲省委安排他在杨靖宇的领导下工作。

杨靖宇当时化名张贯一，河南省确山县人，曾领导确山农民暴动。1929 年春，调至东北，任中共抚顺特别支部书记。8 月下旬，中共组织遭破坏被捕。1931 年春出狱后，准备派往哈尔滨时，再次被捕，直到年底经中共组织营救才出狱。到哈尔滨后，任东北反日总会负责人。1932 年 1 月，任中共哈尔滨道外区委书记，5 月，任中共哈尔滨市委书记。1932 年 7 月，中共满洲省委根据“北方会议”的精神，决定撤销中共哈尔滨市委，组建中共哈尔滨东北区区委和西区区委。杨靖宇任东北区区委书记，杨德如（杨一辰）任西区区委书记。

1932 年 8 月初，哈尔滨市遭受了百年未遇的水灾，洪水从道外九道街口涌进哈尔滨市区。江北松浦一带全部被淹没，地势低洼的道外区，几个小时即陷于一片汪洋，水深齐檐。全市 28 万人口有一半以上受灾。广大灾民为活命，蜂拥到地势较高的南岗区。这场洪水致使十三四万人流离失所，无家可归。许多灾民无衣无食，住在南岗极乐寺、文庙附近简易窝棚里，其状惨不忍睹。

魏拯民刚到哈尔滨，就在杨靖宇的领导下，

投入到这场抗洪斗争中。他深入到灾民中了解民情，揭露日伪当局置百姓死活于不顾的兽行，他说："自从日本人武力占领东三省，我们过的是什么日子？我们的同胞、亲人被屠杀，被奴役，我们流离失所，家破人亡，求生不能，求死不得！现在是屋漏偏逢连夜雨啊，乡亲们，洪水冲垮了我们房屋不算，耕牛、耕具全都冲走了，我们拿什么种田？眼看秋收无望了，我们现在怎么办？我们要活下去！我们要抱成一个团，一起向当局要个说法，不能这么等死！"在大灾无助面前，人们看到这个热心的小伙子说得在理，于是纷纷起来响应。

杨靖宇和魏拯民认为，在日伪高压统治下，斗争的起点和目标都不宜过高，要找准突破口，应从经济斗争入手。他们把难民中的一些青年组织起来，带领广大难民前往"市水灾非常委员会"集会，并将其包围，指责日伪当局迫害灾民的行为，强烈要求当局解决灾民吃饭、治病、临时居住席棚和不许打骂难民等问题。日伪当局见广大难民群情激昂，害怕不答应难民们提出的条件激起民变，只好答应难民们提出的条件。

中共满洲省委对杨靖宇和魏拯民等人领导的这场斗争高度重视，给予了充分肯定。杨靖宇和魏拯民决定趁热打铁，除继续组织灾民进行反日斗争外，重点放在市内中共组织的恢复上。很快，道外区各党支部又重新活跃了起来，同时发展了一批新党员。皮鞋业、老巴夺卷烟厂、电业及呼海路（呼兰县至海伦县之间的铁路）的中共组织恢复得最快。呼海路沿线各车站都有中共的支部或小组，司机、司炉、乘务员、扳道工人中都有共产党员。省委印发的传单、标语一个夜晚即可在呼海路沿线张贴出来，成为对日伪当局斗争的主阵地。

1932 年 9 月，中共哈尔滨东北区区委、西区区委撤销，组建中共哈尔滨临时市委。杨靖宇被任命为中共满洲省委代理军委书记，集中力量抓士兵运动及抗日武装工作。由杨德如任临时市委书记，魏拯民任组织部部长。

11 月 3 日，在魏拯民等人的领导下，哈尔滨 300 余名电车工人举行了抗议伪军警殴打工人的罢工斗争。魏拯民带领工人向伪当局提出了医治受伤工人，惩办祸首，向工人赔礼道歉，不准再发生类似事件等要求。罢工持续两天，伪当局在强大的压力面前，不得不答应工人提出的全部要求，斗争取得了胜利。

12 月 8 日，在哈尔滨中共组织和总工会的领导下，呼海路 1000 余名建筑工人包围了哈尔滨日本企业公司，索取拖欠工资。斗争坚持了 20 多天，取得部分胜利。

1933 年 4 月，中共哈尔滨临时市委撤销，组建中共哈尔滨东区、西区两个区委。张进山（张玉珩）任东区区委书记，赵志刚任西区区委书记。两个区委共领导 22 个支部，100 余名党员。10 月，魏拯民接任道外区委书记，继续领导江北呼海路、海员、同记工厂、老巴夺卷烟厂、二中等中共组织与日伪开展斗争。

处于日伪统治下的中共满洲省委斗争环境异常残酷，日伪经常拉拢和收买那些意志不坚的中共组织内人员。1934 年 4 月，共青团满洲省委宣传部部长杨波（杨安仁）和书记刘明佛（胡彬）相继被捕叛变，导致中共满洲省委、哈尔滨两区委、吉东局以及双城、伪新京、奉天、珠河等地共青团和工会组织的大破坏，40余名干部被捕，使中共组织和抗日事业遭受严重损失。之后，中共满洲省委决定将哈尔滨东、西两个区委合并，组建中共哈尔滨区委，魏拯民任区委书记。

哈尔滨是日伪间谍特务网的中心，有日本人控制的警察机构和队伍，对共产党的地下活动采取严密的监视。魏拯民在哈尔滨没有公开的职业，活动经费难以保障，经济上经常出现困窘，就连基本的生活费有时也难以为继。但他仍然废寝忘食工作，他常常装扮成工人和商人，冒着危险深入到工厂、学校、贫民区和街道，发动和组织群众参加抗日斗争。

魏拯民清醒地认识到，在日伪强大势力面前，组织工人运动必须从与群众切身利益相关、日伪又不能从政治上抓住把柄的经济问题入手开展斗争，以达到政治斗争的目的。于是，他发挥中共和共青团组织的作用，领导各阶层人民群众开展反日运动。哈尔滨的各行各业经常能看到他那疲惫的身影，街道、厂矿、学校到处留下了他匆忙的足迹。经过他和同志们的努力，哈尔滨市电业、皮鞋行业、电车行业、油坊面粉、烟草公司、洋行、学校、呼海铁路和三十六棚等中共组织迅速发展壮大，反日斗争日益活跃。

1934 年 10 月，新一届中共满洲省委组成，魏拯民当选为中共满洲省委委员。同年 12 月，魏拯民被省委派往东满巡视。

任东满特委书记

东满是多民族杂居的地区，其中朝鲜族人口占多数。九一八事变前，日本就在东满设有总领事馆和 5 个领事分馆、19 个警察署和警察分署，驻有军警 600 余名。此外，还有从事农、工等业的“在乡军人”千人左右。日本侵略者利用这些殖民统治机构，进行特务活动，挑拨中朝民族关系，欺压东满各族人民，破坏中国共产党组织，镇压反日活动，搜捕和杀害反日群众。九一八事变后，在中国共产党的领导下，东满地区人民组织起了反抗日本帝国主义侵略的斗争。

为加强对这一地区抗日斗争的领导，1930年10月，中共东满特委成立，首任书记廖如愿，领导和指挥延吉、和龙、珲春、汪清、安图、敦化、抚松、桦甸、额穆、长白等10余县的抗日工作。1931年11月，时任中共大连市委书记的童长荣调任中共东满特委书记，领导创建了多个抗日游击根据地。1934年3月，中共东满特委根据中共满洲省委的指示，将东满游击队统一编成东北人民革命军第2军独立师，朱镇任师长，王德泰任政治委员，下设3个团。从此，东满地区的抗日斗争有了统一的军事指挥部。

1934年3月21日，中共东满特委书记童长荣在与日军的战斗中壮烈牺牲，中共满洲省委决定派魏拯民前往东满主持工作，继续领导抗日武装，开辟抗日游击根据地。

此时的东满共产党、共青团组织和第2军独立师，正因反“民生团”斗争被严重扩大化而面临严重困难。

“民生团”是一伙朝鲜亲日政客在日军侵占东

北后，趁东北各省亲日汉奸脱离与南京政府的关系宣布“自治”之机，为达到在日本统治下的延边地区“韩人自治”的目的，于1932年2月成立的亲日团体。它公开拥护日本侵占东北，积极协助日军“讨伐”抗日部队，反对共产党，破坏中朝人民的抗日联合，为维护日本帝国主义的殖民统治效劳。因此，“民生团”刚一出现，中共东满特委就看穿了其险恶用心和反动本质，予以了坚决的打击。

不久，日本殖民当局也感到“民生团”提出的“韩人自治”不利于他们在中国东北的统治，还威胁到对朝鲜殖民统治的稳定。于是，强迫“民生团”公开登报宣告解散，关闭其机构，停止其活动。“民生团”仅存在了5个多月。

1932年11月，中共东满老头沟区委秘书宋老头遭日伪逮捕，但很快就被释放。不久，从抓获的日本宪兵队翻译口供中得知，宋老头是被日本宪兵队派回的特务。中共东满特委对其进行审查，宋老头不仅交代了日本宪兵队给他的任务，还承认他加入过“民生团”，并胡乱供出20余名党团组织内部的“民生团”分子。这事让中共东满特委大为震惊，于是，在内部进行广泛清查。正在此时，延吉日本宪兵队策划他们的特务组织“间岛协助会”，开始有计划、有目的地以“民生团”的名义，向共产党、共青团组织和军队内散布谣言、写假信制造混乱，致使东满特委感到事态严重，误认为“民生团”已大量混入革命队伍内部，便加大了在共产党、共青团组织和军队内部开展反“民生团”的斗争，结果使革命队伍遭到严重的损失。

直到 1934 年春，中共东满特委领导认识到反“民生团”斗争方式不妥，错杀了不少好同志，因此把斗争方式改为教育和“自服”即“自首”的方法。中共满洲省委也于 10 月 1 日发出了《中共满洲省委为反“民生团”斗争给东满特委与人民革命军及全体同志信》，并决定派人前往东满巡视和指导工作。魏拯民正是带着这个特殊的使命来到东满的。

魏拯民途经吉东时，见到了中共满洲省委巡视员吴平（杨松）。吴平向他介绍了东满中共、共青团组织在执行反日统一战线方针和在反“民生团”斗争中存在的严重问题。

东满特委有一些同志错误地估计了游击区内十分之六七是“民生团”，因此，在反“民生团”过程中，打击面过宽，甚至有的只重口供不重证据，存在乱捕人、乱杀人的错误做法。

还有一些反日武装力量要与我们建立联合指挥部，有些人因为怕别人当总指挥就拒绝了，结果导致有些山林队和我们发生了武装冲突。

魏拯民一路行走一路调查，于 1935 年 1 月下旬到达延吉县三道湾张芝营根据地。他又马不停蹄地深入村屯和游击区，找人谈话，召集有关人员座谈，进一步了解东满中共、共青团组织工作情况和在反日统一战线、反“民生团”斗争等问题。他很快发现，不但朝鲜族同志谈“民生团”色变，汉族同志也不敢多发一言。魏拯民耐心细致地做他们的思想工作，给他们介绍省委的指示精神，坦诚地说：“不要有顾虑，大胆地讲，如实地讲。上级知道有同志被冤枉了，甚至有的好同志被错杀，只有组织上了解了实情，才能为他们平反昭雪，才能不让更多的好同志被错误对待。”

大家听后打消了顾虑，向魏拯民谈了许多东满反“民生团”的一些触目惊心的事情。

原来，中共东满特委在反“民生团”过程中，只要有人“揭发”谁是“民生团”，就可立即抓人，抓到人后，再拷打逼供，按照逼出的口供，再去抓人。许多同志，就是因为有一个不实的口供，被打成“民生团”的奸细。中共东满组织在没有调查分析的情况下就采用严刑逼供的手段，“残酷斗争”和“无情打击”，结果使“民生团”的人越反越多。

魏拯民感到，中共东满特委的反“民生团”斗争，已经走入了歧途，被严重扩大化了。他心里非常难过，也非常焦急，必须尽快扭转这种局面，纠正反“民生团”扩大化的错误。他起草了东满党团特委扩大会议决议和反“民生团”斗争的决议草案。在做好这些准备工作之后，主持召开了中共东满特委、共青团东满特委扩大会议和人民革命军第2军独立师政治委员联席会议。

1935年2月27日，中共东满特委、共青团东满特委第一次联席扩大会议在汪清县大荒崴召开，魏拯民、王德泰、王中山、李学忠和金日成等

26 人出席。会议通过了《关于执行中央政治路线与敌人斗争及今后斗争任务决议》和《反民生团斗争的决议》，改组了党团特委和所属县委的领导机构，魏拯民被选为中共东满特委书记。

会议还决定成立由东满特委直接领导的肃反委员会，专门负责处理“民生团”问题。

3 月 21 日，魏拯民又在汪清县腰营沟主持召开了中共东满特委和第 2 军独立师政治委员联席会议。魏拯民在会上强调：“党的反日统一战线政策，要的是不分民族，不分阶级，不分党派，不分宗教信仰的各民族的团结抗战！”

会议明确了独立师的任务，即：除坚持原有根据地外，再创建安图和绥芬大甸子新的抗日根据地，以便分别向敦化、桦甸和东宁、宁安、穆棱等县发展，另派部队分别向中苏、中朝边境活动。

在中共东满特委的领导下，东满的抗日武装力量及其所开展的抗日游击战争，对日伪统治形成了严重威胁。于是，日伪当局策划了一场旨在消灭抗日武装力量的疯狂“大讨伐”。面对日伪的疯狂“讨伐”，3 月，中共东满特委决定，不与日伪军

硬拼，保存实力，等待时机更有效地打击日伪军。第 2 军独立师与各县共产党、共青团组织一起，主动撤离已被日伪严重破坏的抗日游击根据地，转移到安图县车厂子、汪清县绥芬大甸子和奶头山一带建立新的抗日游击根据地。

车厂子位于和龙、安图两县交界处（今和龙县卧龙乡和安村），这里山高林密，交通不便，日伪统治比较薄弱。绥芬大甸子位于汪清县城东北 100 公里处，与吉东的绥宁地区相连，便于部队向北发展。两地人口达 1 万余人，群众基础较好。第 2 军独立师到来后，立即发动群众，建立健全地方组织，很快就建立起了比较稳固的抗日游击根据地。不久，中共东满特委也转移到这里，为东北人民革命军第 2 军的成立创造了良好的条件。

5 月，东北人民革命军第 2 军正式成立。王德泰担任军长，魏拯民兼任政治委员，刘汉兴任参谋长，李学思任政治部主任。军部下设 4 个团，第 1 团，团长安凤学，政治委员周树东；第 2 团，团长张泉玉，政治委员曹亚范；第 3 团，团长方振声，政治委员金日成；第 4 团，团长侯国忠，政治委员王润成。另设机关枪连、教导队和游击大队，游击大队大队长钱永林，政治委员金山浩。全军总兵力 1200 余人。

中共东满特委和东北人民革命军第 2 军独立师发表了《东北人民革命军第二军军部正式成立宣言》，魏拯民亲自起草了《告民众书》和《告各反日部队书》，号召广大民众和反日部队联合起来，开展各种形式的反日斗争，把日本侵略者赶出东北，赶出中国。提出："凡是反日的人员和部队，不分党派、不论军头，都联合起来成立抗日联合军指挥部，集中一切反日力量，统一东满的军事指挥和政治领导，加紧抗日救国的政治教育工作，在一致的行动和指挥之下，完成我们抗日救国的伟大任务。"

紧接着，东北人民革命军第 2 军又发表《为成立东满抗日联合军指挥部致各反日部队的信》，再次发出成立东满抗日联合军指挥部的倡议，号召东满各反日部队要团结起来，成立东满抗日联合军指挥部，有计划、有组织地指挥和领导东满的反日革命战争，并提出了抗日联合军的宗旨：

“第一，不投降、不卖国、抗日到底、恢复失地。第二，不分义勇军、人民革命军、救国军、自卫军、反日山林队、红枪会，不分党派（国民党、第三党、共产党），不分民族（中、高、蒙），不问宗教信仰如何，联合起来共同抗日救国。第三，没收日本及其走狗们的财产充用抗日战费。第四，允许民众言论、出版、结社、集会、武装自由，联合民众共同抗日救国。”

东北人民革命军第2军成立后，为加强中共对军队的领导，魏拯民在军内组建了党委会，并要求师部至团部均须建立健全党的委员会。他说：“部队的坚强与否是专靠党的工作如何而定，党是生命线。革命不能光靠勇敢和热情，还要有政治头脑，要有远大的理想。政治是武器，它不但能使我们进步，更能有力地打击敌人。”要求部队按照《东北人民革命军及赤色游击队政治工作暂行条例草案》，积极开展思想政治工作。

第2军中共委员会由魏拯民、王德泰、李学忠、周树东、安凤学、王润成、史忠恒、曹亚范、金日成等9人组成。军党委书记由魏拯民兼任。

各团、连均健全了中共的组织，配备了政治工作人员，团配备政治委员，连配备指导员。为培训军政干部，第 2 军成立了随营学校，并于 1935 年 5 月 20 日发出招生广告，招收 18—35 岁的爱国青年进行 3—6 个月的训练。“随营学校”的政治课程占 2/3，军事课程占 1/3。

第 2 军还创办了《东满民众报》《人民革命报》《反日周刊》《战旗》等报刊，用汉、朝两种文字油印发行，宣传中国共产党的方针政策，报道抗战消息，总结斗争经验。还编印了《东北人民革命军工作纲领》《游击战法》《革命歌集》等小册子，供干部战士学习使用。在连队成立了“政治讨论会”“士兵委员会”“识字班”“娱乐团”，用战斗间隙、集会进行学习宣传。这些活动的开展，提高了干部战士的文化水平，活跃了部队生活。

东北人民革命军第 2 军成立不久，中共东满特委和第 2 军党委作出了广泛发动群众，进一步扩大游击区，开展武装斗争的决定。将 1/3 的兵力留在老游击区做巩固根据地，其余兵力投入到开辟新游击区的工作中。

5 月末，魏拯民随第 2 军参谋长刘汉兴率领第 3 团和第 4 团向东、向北发展。当部队到达珲春地区时，魏拯民决定由此进入苏联境内，准备赴莫斯科向中共代表团汇报东北的抗日游击战争情况和寻求中共中央的指示。

参加共产国际七大

1935 年 6 月，魏拯民经过珲春北部进入苏联，到达海参崴时，见到了在太平洋工会秘书处工作的原中共满洲省委代理书记马良（在苏联时改名王德）。

马良见到魏拯民高兴地说："你来得太好了，我正苦恼着呢。"

魏拯民惊奇地问："您苦恼什么？我能帮什么忙？"

马良说："中共代表团非要让我去莫斯科参加共产国际七大，可是满洲省委派我来不是来参加七大的呀，我也没有资格参加七次大会，我不想去啊！”

魏拯民听是这么回事，于是劝说道：“上级让你去参加共产国际七次大会，是对你的信任，你曾经是满洲省委书记，现在又在太平洋工会工作，当然有资格出席大会，参加大会聆听指示，对以后工作也有帮助啊！”

马良坚定地说：“我已经给中共代表团写了信，向他们表明不去参加大会，愿意立即到游击队里去。况且大会文件将来我一定能看到的，参加不参加，又有什么关系呢。这不，你来了正好，你不是要去向中共代表团汇报工作吗？一事不烦二主，你反正也要去莫斯科，你就代替我去参加大会吧。”

魏拯民连忙说道：“这怎么行，你说你没资格，我就更不行了。”

马良抢过话：“我已经离开了前线，而你正在浴血战斗，你还是满洲省委委员、东满特委书记，你比我有资格。”

就这样，经报中共代表团同意，魏拯民作为来自东北抗日斗争前线的代表赴莫斯科参加共产国际第七次代表大会。

1935年7月，经中共代表团海参崴联络站负责人杨春山安排，魏拯民乘火车前往莫斯科。

到达莫斯科的当天，魏拯民以十分崇敬的心情到红场拜谒了列宁的遗容。列宁安详地仰卧在水晶棺中，好像还在思考和策划着全世界无产阶级革命的大事。他耳畔不由响起了列宁的亲切话语："现在，中国的政治生活已沸腾起来，社会运动和民主主义高潮，就像喷泉一样汹涌起来了……"魏拯民的心情久久不能平静。

7月24日，魏拯民在共产国际七大报到登记表上郑重地签下："中国，冯康。"冯康，是魏拯民在苏联期间的化名。

7月25日至8月20日，共产国际第七次代表大会在莫斯科召开。全世界65个党的516名代表出席了大会。中共中央派出参加共产国际七大的陈云、陈潭秋等由上海秘密前往莫斯科，但由于路途遥远，大会开始时尚未抵达莫斯科。于是，以王明为团长的中国共产党代表团出席了这次大会，代表团成员有康生、周和生、吴玉章、张浩、孔原、饶漱石、欧阳生、沈元生、滕代远、赵毅敏、宋一平、魏拯民等。王明、康生、周和生被选为大会主席团成员。

国际共产主义的杰出活动家、保加利亚共产党领袖季米特洛夫在大会上作了题为《法西斯主义的进攻和共产国际为工人阶级的反法西斯主义的统一而斗争的任务》的报告，报告中赞扬了中国共产党所提出的抗日民族统一战线的策略。会上，还通过了《法西斯的进攻和共产国际在争取工人阶级统一，反对法西斯的斗争中的任务》决议。

魏拯民听了报告后深受鼓舞，尤其是对决议中提出“在中国，必须扩大苏维埃运动和加强红军的战斗力，同时要在全国范围内开展人民反帝运动。武装人民进行民族革命战争，以反对帝国主义奴役者，首先反对日本帝国主义及其中国仆从”的任务深表赞同。魏拯民十分激动，当即提笔给家乡曾经的战友吴之冈写了封信，他要同战友一起分享他此时的心情：“现在，我代表东北抗日游击战士，正在莫斯科参加共产国际第七次代表大会，全世界各兄弟党的代表欢聚一堂，讨论制止血腥的侵略战争，我们的抗日斗争不是孤立的，全世界爱好和平的人民都在支持我们，都在关心着我们每一个斗争的胜利。令我十分振奋，备受鼓舞。”

1935年9月，陈云、陈潭秋抵达莫斯科，正式参加中共驻共产国际代表团的工作。中共驻共产国际代表团成立了满洲问题委员会，委员会由9人组成，是领导东北抗日斗争的总机关。陈云担任满洲问题委员会委员，在其他8名委员中，有3人是中共中央派往代表团工作的，他们是曾山、孔原、潘汉年，还有东北各游击区代表，魏拯民（代表南满地区）、杨松（代表吉东地区）、赵毅敏（代表北满地区）。

在莫斯科，魏拯民聆听了陈云作的介绍红军五次反“围剿”的经过及红军长征情况的报告。当听到毛泽东在遵义会议上分析、批评“左”倾教条主义者在军事领导上所犯的一系列根本性错误时，他对照东满中共组织的一些“左”的做法，更加拥护毛泽东和以毛泽东为代表的正确路线在红军和中共中央的领导地位。这些党内的大事，给了魏拯民这位在异国他乡的年轻共产党人以极大的鼓舞和教育。

一天，陈云找到魏拯民说："魏拯民同志，党中央现在十分迫切地要了解东北抗日游击战争的真实情况，你是亲历者，现在给你一个特别任务，向中央书面报告东北抗日游击战争的情况，越全面越好。"

魏拯民听后，非常激动，他正想把东北的抗日斗争的情况向中共中央汇报，听取指示呢。于是，他夜以继日，奋笔疾书，将自己到东北以来的亲身经历、调查研究以及观察与思考进行总结梳理，形成详细的系列报告。

12月20日，魏拯民向中共代表团递交了8份报告，分别介绍"东满党团及人民革命军干部简历""义勇军的工作""特殊部门——兵工厂、被服厂、后方医院、印刷厂、财务处及监狱等情况""绥芬大甸子及安图的反日工作等问题""民生团问题""特委的工作计划""义勇军与统一战线等问题"和"东满一般情况"，共6万余字。魏拯民的报告，对中共中央了解东北中共组织的建设、武装斗争、根据地建设等起到了不可替代的作用，为中共中央有针对性地制定东北抗日斗争的方针、政策起到了重要参考作用。这8份报告，党史上统称《冯康报告》，至今仍是东北抗联史研究的珍贵史料。

共产国际七大闭幕后，中共代表团举行了满洲工作第二次会议，会上作出了在东北建立统一的东北抗日联军的决定，决定撤销中共满洲省委，成立南满、东满、吉东和松江4个省委和哈尔滨、奉天（或大连）特委，由中共代表团直接领导。

1936年2月10日，中共代表团以中共中央名义拟定了《为建立全东北抗日联军总司令部决议草案》。2月20日，又以东北抗日联军第1至第6军军长杨靖宇、王德泰、赵尚志、李延禄、周保中、夏云杰和汤原、海伦游击队的名义，发出了《东北抗日联军统一军队建制宣言》。

中共代表团任命魏拯民为中共东满省委书记，并肩负在可能时向中共吉东特委、第5军，中共南满特委、第1军传达共产国际七次大会精神和中共代表团关于撤销中共满洲省委、另建4个省委，建立统一的东北抗日联军的指示及负责组建东满省委决定的任务。

04 艰苦卓绝的东北抗联斗争

组建东北抗日联军第 2 军

1936 年 2 月 5 日，魏拯民从苏联回到国内，途经哈尔滨到达宁安县，在镜泊湖第 5 军军部会见了军长周保中。周保中对魏拯民的到来喜出望外，东北地方组织和抗日武装部队与中共中央失去联系已很久了，他迫切希望听到上级党组织和中共中央的指示。同时，周保中告诉魏拯民，东北人民革命军第 2 军第 2 师第 5 团就在附近活动。此时的第 2 军已扩编为 2 个师，下辖 6 个团。于是，魏拯民设法与第 5 团取得了联系并通知第 5 团派人参加会议。

第二天，魏拯民召开了由第 5 军军部领导人、中共宁安县委书记张中华及第 2 军第 5 团政治部主任王松柏等人参加的会议。他传达了共产国际七大会议精神，中共驻共产国际代表团关于扩大东北反日统一战线，成立东北抗日联军，撤销满洲省委组建 4 个省委等指示。与会同志听了非常振奋，纷纷表示坚决服从上级的决定，把抗日斗争进行到底。

会后，魏拯民就第 2 军第 2 师与第 5 军共同建立联合指挥部协调作战问题进行了研究，决定由周保中协助指导第 2 军第 2 师在绥宁和汪清地区开展游击活动。

周保中向魏拯民介绍道："前不久，我们和第 2 军的王德泰军长开过一次会，决定在额穆、敦化一带联合开辟新的游击区，现在，他们已经返回东满安图县迷魂阵游击根据地了。第 2 军第 1 师第 3 团金日成的部队还在宁安县南湖头。"

魏拯民得知金日成的部队就在不远的地方，决定会后去会见他。2 月 9 日，魏拯民在政治部主任王松柏的陪同下前往南湖头。

去南湖头的路并不顺利，到处都有日伪军设立的关卡和巡逻部队，在路经湾沟村附近时，正好遇上了巡逻的伪警察。伪警察盘问了好一会儿，越发觉得魏拯民一行很可疑，于是要带他们去伪警察分署。魏拯民的行李里装有共产国际的秘密文件，如去警察署必遭搜查，其身份必将暴露。于是他灵机一动，连忙掏出 50 块钱悄悄地塞给当头儿的伪警察，伪警察见了钱，敷衍着盘问了几句就放行了。

魏拯民在南湖头见到了金日成，开着玩笑说："原以为我身价得几万元呢，没想到实际上只值 50 块钱。"

金日成对魏拯民冒着危险来见他，很受感动，迫不及待地想听到共产国际的指示。魏拯民向金日成传达了共产国际和中共代表团对东北抗联的有关指示，同时也转达了对朝鲜工作的指示。最后说道："我在莫斯科给中共代表团的汇报中，专门写了关于'民生团'的问题，共产国际和中共代表团都认为在反'民生团'的问题上，东满工作有严重的‘左’倾错误，必须进行纠正。”

金日成真诚地说道：“谢谢你呀魏拯民同志，你拖着病弱的身子从莫斯科带回了新的指示，付出了那么多的辛劳，这个恩情，我们是不会忘的。”

3月上旬，魏拯民和王德泰、李学忠、金日成等分头南下，来到第2军第1师第1团驻地安图县迷魂阵。决定在这里召开中共东满特委和第2军主要领导干部会议。会上，魏拯民传达了共产国际七大精神和中共驻共产国际代表团有关撤销满洲省委，组建4个省委，扩大东北抗日统一战线，建立东北抗日联军的有关指示。

最后，会议讨论决定，根据《八一宣言》和《东北抗日联军统一军队建制宣言》的精神和要求，将东北人民革命军第2军改编为东北抗日联军第2军。军长王德泰，政治委员魏拯民，参谋长刘汉兴，政治部主任李学忠。军部设教导团、少年营。全军编为3个师，共2000余人。第1师由原第1团和收编的6个义勇军中队组成，师长安凤学，政治委员周树东，参谋长朴得范，政治部主任吕伯岐，下辖2个团。第2师由原第3团、第 4 团和史忠恒部救国军组建，师长史忠恒，政治委员王润成，参谋长陈翰章，下辖 3 个团。第 3 师由原第 2 团和新收编的几支山林队编成，师长金日成，政治委员曹亚范，下辖 2 个团。

会议确定东北抗日联军第 2 军的作战任务和作战方向为：第 1、第 3 师在吉林、辽宁两省边区活动，向西联络第 1 军并挺进中朝边境，开辟新的游击区，建立新的抗日根据地，相机攻取安图或抚松县城，筹建抗日政府。第 2 师在汪清和绥宁地区的部队，继续在该地区与东北抗联第 5 军联合对日伪斗争。

会后，魏拯民和王德泰率第 1 师西向敦化、额穆（蛟河）地区活动，并向桦甸、濛江（今靖宇）发展，以保持与同在绥宁地区的第 2 师之间的联络，并牵制日伪，掩护第 3 师进入抚松。

4 月上旬，魏拯民和王德泰决定对敦化县的大蒲柴河发起进攻。

大蒲柴河位于敦化县南端、敦化与安图两县毗邻处，是扼守自安图向敦化、桦甸大道三岔路口的军事要地，也是第 2 军第 1 师为扫清西进通道必须首先攻克的日伪据点。

战斗前，王德泰指着地图对魏拯民说："魏政委，据侦察，大蒲柴河有一个伪警察大队大约两个中队的兵力，强攻的话，部队损失会很大，而且大蒲柴河距离敦化县城不远，这里打起来，县城的敌军会很快过来增援。"

魏拯民看着地图思索了一会儿，说："军长，既然打大蒲柴河，县城的敌军会过来增援，那我们莫不如来个围点打援，分兵一部佯攻大蒲柴河，主力在半路设伏吃掉增援的敌军，然后再回师一举攻占大蒲柴河。"

王德泰说："这个打法好，就这么办。"

4 月 6 日，第 1 师以一部分兵力佯攻大蒲柴河，主力部队则继续北进设伏于大蒲柴河与敦化之间的寒葱沟，准备歼灭增援的敌军。战斗开始后，驻守大蒲柴河的日伪军一面抵抗，一面电告敦化县城紧急救援。第二天，日军 500 余人、伪警察 250 余人沿大路向南驰援。第三天中午，当日伪军全部进入寒葱沟第 1 师的伏击圈时，突遭猛烈火力袭击，伤亡惨重，残部边打边向马号退去。第

1 师伏击部队随即回师南进会合佯攻部队，于 4 月 10 日晨攻下大蒲柴河。守卫大蒲柴河的伪警察残部乘隙西逃，途中又遭打击。第 1 师部队进入大蒲柴河后，魏拯民亲率政工干部召集群众集会，宣传抗日救国政策。因第 1 师部队纪律严明，深受群众欢迎。

通过此次战斗，缴获一批小炮、机枪、步枪等武器，打开了向敦化、桦甸前进的通道，掩护第 3 师部队径直进入抚松、临江，振奋了军心。之后，第 1 师部队向敦化、额穆以及桦甸分别活动。该师第 1 团在敦化攻打板庙子，毙伤伪军 17 人。6 月 24 日，第 1 师一部袭击了额穆县杉松岭“集团部落”，并与活动在镜泊湖南湖头的第 2 军第 2 师部队相呼应。

根据抚松等地的情况，魏拯民同王德泰、李学忠和金日成等人商量决定，集中第 2 军第 1、第 3 师部队在抚松、临江、长白发展新局面，建立长白山西麓根据地；第 3 师第 7 团和第 9 团经抚松、临江向长白地区挺进。魏拯民根据这一地区活动着较多抗日义勇军和山林队的情况，决定加紧对周围抗日义勇军、山林队进行统一战线工作，争取他们加入东北抗联部队。不久，第 3 师在原有第 7 团、第 8 团的基础上，又扩编了第 9、第 10 两个团。

随着部队的发展，抗日游击区域也迅速从安图、敦化扩展至抚松、临江等县，在东岗、西岗、漫江等地建立了军事密营与后方基地，为第 2 军坚持战斗与继续发展提供了一定的保障。

东北抗联第 2 军部队在抚松、临江地区初步打开局面后，也已同杨靖宇领导的东北人民革命军第 1 军部队和南满游击区实现了靠拢与连接。

6 月，中共东满特委书记兼东北抗联第 2 军政治委员魏拯民率一支部队，向南满游击根据地的金川县河里地区（今属通化县）进发。

河里会师

1936 年 6 月，广袤的南满地区漫山遍野郁郁葱葱、林木枝叶繁茂遮地。这正是开展游击战争的好时节。此时，在全国抗日救亡运动高涨和中国工农红军北上抗日新形势的鼓舞下，东北人民革命军第 1 军军长兼政治委员杨靖宇指挥部队，在南满地区积极主动地开展游击战争，给予日伪军以重大打击。为了迎接即将到来的新的更大战斗，6 月末，中共南满特委在金川县河里抗日游击根据地惠家沟召开中共南满第二次代表大会。

此时的魏拯民，正带着十五六人的机枪班在密林中穿梭前行。从抚松县白水滩出发到第 1 军的根据地金川河里，有 200 多公里的山路，还要越过日伪军的几道封锁线。他们日夜兼程，艰苦行军，急切地要把共产国际七大会议精神和中共驻共产国际代表团的指示传达给第 1 军的同志们。

当他们艰难地到达金川河里惠家沟，中共南满第二次代表大会正在进行。出席会议的有东北人民革命军第 1 军军长兼政治委员杨靖宇、中共南满临时特委书记李东光、临时特委组织部部长纪儒林、军部秘书长韩仁和、军医处处长徐哲、教导团政治委员安昌勋、教导团政治部主任黄海峰、第 3 师师长王仁斋、团南满临时特委代表刘佐健、军需处处长马占源、第 1 师少年营张政委等 50 余人。

正在主持会议的杨靖宇听到通讯员的报告后，立即暂停了会议，同军部秘书长韩仁和一起带领警卫排去密营外迎接魏拯民。

在离会场两里外的一个小山岗上，两队人马会师了。魏拯民见到杨靖宇时异常兴奋，两双大手紧紧地握在了一起。1932 年夏，魏拯民刚到哈尔滨时，就协助杨靖宇开展工作，杨靖宇到南满后，魏拯民接替杨靖宇继续在哈尔滨做地下工作，今天两位战友又在抗日战场上重逢，两人都激动万分。他们紧握的双手，久久不愿放开。魏拯民看着这位昔日隐蔽战线的佼佼者如今威名赫赫的杨司令坚毅的脸庞，心中有千言万语却不知该说些什么，只是亲切地叫了一声："老杨！……"

杨靖宇望着魏拯民，打趣地说道："一别多年，看起来你还是清秀，读书人的模样没变呀！"话音刚落，杨靖宇就从腰间解下自己的一支配枪，交到了魏拯民手里，说道："自古宝剑酬知己，今天我是东道主，见面不能无礼嘛。"

魏拯民接过手枪别在腰间，顺手从怀中拿出一本书，双手递到杨靖宇面前。

杨靖宇接过一看，惊喜地叫道："《共产党宣言》！老魏，太感谢了！"魏拯民徐徐说道："来之前我就想，给你带点儿什么作为见面礼呢？想来你这里兵强马壮，枪炮你是不需要我给了，那就带粮食吧，可惜粮食哪都紧张，我也没有，就给你带了本精神食粮。"

杨靖宇小心翼翼地把书揣进怀里，诚恳地说道："哪里，这精神食粮可是无价宝啊！在大敌当前和极其艰难困苦的条件下，我们就需要马克思主义这盏指路明灯呢！"

魏拯民和杨靖宇的这次会面，是中共东满、南满组织和人民革命军第 1、第 2 两军领导人的重要会面，是中共东满南满地方史、东北抗联斗争史上的一件重大事情。

魏拯民应邀参加了中共南满第二次代表大会，并为会议作了国际形势和共产国际七大会议精神的报告。会上，通过政治决议，拥护中共中央和共产国际七大的路线。同时宣布东北人民革命军第 1 军改编为东北抗日联军第 1 军。杨靖宇任军长兼政治委员，安光勋任参谋长，宋铁岩任政治部主任。军部下辖教导团及第 1、第 2、第 3 师。

紧接着这次会后，7 月 5—7 日，杨靖宇和魏拯民共同主持召开了中共南满特委、东满特委和东北抗联第 1、第 2 军主要领导干部联席会议（即河里会议）。会上，魏拯民进一步传达了共产国际七大会议精神和中共驻共产国际代表团关于撤销满洲省委，按四大游击区组成四个省委和组建东北抗日联军的指示。

这次会议，根据中共代表团的有关指示和南满、东满地区第 1、第 2 军对日伪斗争的形势，第 1、第 2 军活动区域逐步靠近的情况以及干部情况，决定将东北抗联第 1、第 2 军合编为东北抗日联军第一路军，并成立总司令部。杨靖宇任第一路军总司令兼政治委员，王德泰任副总司令兼第 2 军军长，魏拯民任总政治部主任兼第 2 军政治委员。第一路军下辖第 1 军和第 2 军，共 6 个师。第 1 军辖第 1、第 2、第 3 师，共 3000 余人；第2军所辖3个师的序列顺次改为第4、第5、第6师，共2000余人。

会议决定，东北抗联一路军第1军军部、第1师仍旧自桓仁向本溪、辽阳地区活动，继续西征；第1军第3师和第2军第4师全部随后越过南满铁路，到辽西再向热河、蒙古边境一带活动；第1军第2师留在老游击区活动；第2军军部和第6师留在老游击区活动，继续开辟抚松、长白、临江等县抗日游击区和根据地；第2军第5师仍在东满和绥宁地区与第5军配合行动。同时，还要保持第一路军、中共南满省委与第3、第5军和北满、吉东中共组织的联络，以便各抗日游击区、东北抗联各军协同对日伪作战，共同打击日本侵略者。

会议还对中共东满、南满组织进行了整合。魏拯民与杨靖宇商议，鉴于中共东满特委和东北抗联第2军已撤出东满，进入南满地区建立新的游击根据地，东满力量相对薄弱，建立省委的条件不够成熟，建议把东满、南满两个中共组织合并，建立新的中共南满省委。魏拯民的建议经过会议讨论，得到与会者的一致赞同。

魏拯民提议说:“靖宇同志的‘杨司令’名声已经在南满传开了，老百姓没有不知道的，而敌人对他更是闻风丧胆，我提议由杨靖宇同志担任南满省委书记。”

杨靖宇连忙接过话:“这可不行，我的主要精力在带队伍打仗上，现在作战任务很重，我恐怕没精力和时间做党的工作。党的工作责任重大，担子不轻，魏拯民同志在哈尔滨和东满的成绩是大家公认的，共产国际的中共代表团也委以了重任，我的意见，南满省委书记一职由魏拯民同志担任，大家没有别的意见，我们就举手表决。”

经过会议表决，由魏拯民任中共南满省委书记，杨靖宇、王德泰、李东光、宋铁岩、王仁斋、李学忠、周树东、陈翰章、曹亚范、王润成、纪儒林等 13 人为省委委员。由于当时斗争环境的限制，中共南满省委成立后，始终和部队在一起活动。

在会议结束当晚，杨靖宇把魏拯民叫到一边，神秘地说道:“老魏，咱们有点儿特别的活动，邀请你来参加，你来不来？”

听到杨靖宇这么一说，魏拯民很好奇是什么特别的活动，立马答应了。

第二天清晨，杨靖宇和魏拯民率领300余人，从惠家沟出发来到白家堡附近一高地设下埋伏。这里居高临下，地势非常好。一小时之后，日军矢岛小队进入第1军部队伏击圈。见日军进了口袋，杨靖宇一声令下：“打！”一时间，长短枪喷射着复仇的火焰，一排排密集的子弹射向日军。无处躲藏的日军拼命反扑，但为时已晚，战斗只进行了10多分钟，日军便被全数歼灭。枪声一停，杨靖宇招呼着魏拯民：“走啊，老魏，打扫战场去。”

此战，共歼日军16人、俘虏1人。缴获轻机枪2挺、南洋快手枪2支、步枪10余支、子弹2000余发，望远镜2具、战刀2把。看着满地的战利品，魏拯民对杨靖宇说：“老杨，原来你叫我参加的特别活动，就是收拾这些个日本鬼子，顺带叫我分你们的战利品啊。”

杨靖宇拍了拍魏拯民的肩膀，恳切地说道：“没错，你刚到的时候我就看了，你们的武器不好，这场战斗，既是为中国人打的，也是为第 2 军打的。缴获的武器，你带来的同志每人一支三八式步枪，子弹 100 发。另外再送给你们 1 挺机关枪，1000 发子弹，作为第 1 军给第 2 军的见面礼。”

魏拯民笑着说：“我光在这看了，无功受禄啊，怎么好意思呢？”

杨靖宇说：“我们是战友，第 1 军和第 2 军是兄弟，不要客气，难道我还给小鬼子不成？”

说罢，大家哈哈大笑，愉快地回到根据地。

魏拯民要返回东满时，为保证安全，杨靖宇决定派部队护送一段路程。杨靖宇考虑到，东北抗联消灭了日军矢岛小队，日伪肯定要派大部队前来报复。果然，护送魏拯民返回东满的这一天，日军“铃木讨伐队”主力前来“追剿”。为确保魏拯民等第 2 军同志的绝对安全，杨靖宇亲自指挥教导团与日军迎战。战斗中，他指挥部队且战且退，把日军向魏拯民行进相反的方向吸引。待魏拯民部队走远已无任何危险时，杨靖宇才率队甩开追兵，撤离战斗。

东北抗联第一路军的成立，显示了东北抗联第1、第2军的团结和战斗友谊，增强了活动在东南满地区的抗日武装力量，使这一地区的抗日游击战争在统一领导下结成一体，战线长达千余里，活动区域为吉林、通化、间岛①、安东、奉天5省40余县，其外缘接近沈阳、吉林、延吉等中心城市，有力地推动了东南满地区抗日斗争的发展。

东北抗日联军第一路军的组成，也为吉东、北满抗联部队树立了榜样。1937年10月，活动在吉东地区的抗联第4、第5、第7、第8、第10军组成东北抗联第二路军，周保中任总指挥；1939年5月，活动在北满地区的东北抗联第3、第6、第9、第11军组成东北抗联第三路军，李兆麟任总指挥。东北抗联三路军的编成对于打破日伪的分割，统一军事行动，扩展东南满、吉东、北满三大游击区域意义重大。

---

①"间岛省"，东北沦陷时期东北地区行政区划。1945年日本投降后，"间岛"这一不当名称被撤销，"间岛省"军政机关随之瓦解。

与敌巧周旋

东北抗联第一路军成立后，第 1、第 2 军密切配合，在西线与东线积极对日伪作战，歼灭了大批日伪军和伪警察。抗联第一路军逐渐发展壮大，东南满抗日游击区不断扩大，小块的游击根据地和密营基地日益增多，人民群众受到极大的鼓舞，东南满地区的抗日斗争呈现出可喜的局面。

根据河里会议的部署，部队分为东西两线与日伪军作战。魏拯民带领抗联第一路军的第 1 军第 2 师、第 2 军第 4 和第 6 师在东线活动多次与日伪军交战，给日伪以有力的打击。

其间，魏拯民给干部战士们讲述陈云在莫斯科介绍的红军在第五次反“围剿”中的经验教训，提出东北抗联所进行的游击战争也要改变“不放弃游击区一寸土地”的“左”倾教条主义军事方针，要灵活机动，掌握战争的主动权。

1936 年 8 月上旬，魏拯民召集所部主要领导干部开会，并邀请部分抗日义勇军、山林队首领参加，研究攻打抚松县城。

抚松县城的战略地位十分重要，西面的濛江、桦甸等是第 1 军的游击区，东面的安图是第 2 军的老游击区，南面是预定开辟的临江、长白新游击区的重要交通枢纽。侦察得知：城内驻有日军 1 个中队、伪军 1 个营和 1 个警备队等共 1000 余人，城防坚固。参加攻城的东北抗联和义勇军等有 2000 余人，数量占优势，且事先打通了值守城门的伪军士兵作为内应，在攻城部队枪响时即打开城门，接应攻城部队入城。

8 月 17 日凌晨，以金日成指挥的第 6 师为主力，在义勇军的配合下，对抚松县城发起进攻。第 6 师一部首先攻占城外东山炮台，控制城东南制高点，然后转移火力攻城。此时，约定守城内应的卫兵临时发生变故，城门未能按时打开；几支参战的义勇军行动也不坚决。因缺少重武器，虽经一昼夜火力攻击，但攻城战斗无法取得进展，日伪军援兵又将到达，魏拯民果断决定暂时撤出战斗，退守东山。日军守备队和伪警察部队随后向东山发起进攻。魏拯民指挥部队利用有利地形，给予日伪军有力反击，击毙 40 余人。此次战斗虽未达到占领县城的目的，却让日伪军大为震惊，从而不敢轻视东北抗日联军。

10 月，日伪当局根据其三年“治安肃正计划”，对东边道北部通化、辑安、临江、长白、抚松、濛江、辉南、金川、柳河等 9 县，发动了为期 6 个月的“满军独立大讨伐”，共调集伪军第一军管区全部兵力和第二、第三、第五军管区和伪靖安军、宪兵等部分兵力约 2.75 万人，分别对东北抗联第 1、第 2 军和王凤阁领导的辽宁民众自卫军等抗日武装进行“大讨伐”。同时，还变本加厉地强行修建“集团部落”，推行保甲制，制造“无人区”，断绝东北抗联部队与民众的联系，企图利用严寒的冬季，一举消灭这一地区的抗日武装。

为粉碎日伪的“大讨伐”，东北抗联第一路军决定针对日伪的薄弱环节主动出击。11 月 4 日，第 2 军军长王德泰指挥军部直属部队和第 2 师突然包围了临江大阳岔伪军据点，一举将该据点伪军消灭，缴获了部分物资，扫清了前往抚松的通道。7日晚，伪军第4混成旅调集伪军骑兵第7团和教导队一部共600余人对王德泰部实施偷袭。王德泰临危不惧，当即组织部队反击，并派一连部队迂回包抄进攻伪军。伪军腹背受敌，力不能支，仓皇南逃。此次战斗，击毙伪军60余人，击伤10人，其中包括伪军团长邴某。不幸的是，抗联第一路军副总司令、第2军军长王德泰在指挥战斗时不幸被流弹击中英勇牺牲。

王德泰牺牲后，抗联第一路军总政治部主任、第2军政治委员魏拯民担负起了指挥第2军第4、第6师和在东线活动的第1军第2师的重任。他当即率领部队转往临江、长白两县开展活动。12月中旬，魏拯民指挥所部在临江五道沟同一支伪军相遇，随即展开激战，歼灭伪军50余人，缴获机枪2挺、步枪16支。日伪不甘失败，伪军政部紧急从通化和金川、柳河地区调集伪军，赶到临江、长白围攻魏拯民所部。

魏拯民得知这一情报后，决定在日伪军必经之地七道沟鸭绿江边大甩弯设伏。12月21日，

200多名日伪军大摇大摆地进入伏击区，魏拯民一声令下，部队所有火器一齐开火，打得日伪军措手不及、狼狈不堪，丢下一片尸体后，余者纷纷逃窜。战斗中，第1军第2师师长兼政治委员曹国安身负重伤，不幸牺牲。

为配合1936年的秋冬季“大讨伐”，伪军混成第4旅第2营在通往抚松、临江、长白等县的交通要道庙岭驻扎、设立据点，使这里成为抗日武装在这一地区活动的最大障碍。魏拯民决定拔掉这个据点。由于此据点易守难攻，他决定智取。魏拯民先派两名精明强干的战士，利用给伪军修筑营房的当地老乡的关系，打入据点当上了伪军。两名战士利用“交朋友”“拜把子”的方式，经过1个多月的努力，争取了该营特务长等10余名伪军中的爱国官兵。

一天夜里，魏拯民带领部队悄悄地来到庙岭并将其包围，按照事先约定的信号，战斗打响后，抗联战士里应外合，经过短暂战斗，就将该营营长以下伪军全部缴械。此战，魏拯民率领部队大获全胜，毙伤伪军80余人，俘60余人，伪军哗变者

20余人，缴获迫击炮1门，重机枪1挺，轻机枪3挺，步枪120支，匣枪10余支，炮弹65发，子弹数万发，望远镜3具，及许多其他用品。

夜袭辉南城

1937年日军制造七七事变，全民族抗战爆发。魏拯民及时以东北抗联第一路军总司令部的名义发出《为响应中日大战告东北同胞书》的布告，表达了东北抗联将士同全国各族人民团结抗日的决心，指出“我民族要想生存，亦只有武装自卫，别无他策”。号召东北工农商学兵各界群众，“在全国总动员之下，打倒日本帝国主义，推翻傀儡政府满洲国，为独立自由幸福之中国而奋斗”。

东北抗日联军第一路军在杨靖宇和魏拯民的指挥下，各部分别在吉林省的额穆、辉南、濛江、抚松、桦甸和辽宁省的清原、兴京、桓仁、宽甸等县境纷纷出击，给日伪以沉重打击。

魏拯民率抗联第2军教导团与伊俊山率领的第2军独立旅，一面积极主动歼灭日伪有生力量，一面谋求与杨靖宇率领的抗联第1军会合。

进入10月，为了鼓舞当地群众的抗日斗志并筹集部队的越冬物资，魏拯民决定集中第2军教导团、独立旅和第6师第8团共400人攻打日伪占领的辉南县城。

辉南县城位于吉林省南部辉发江中游，东靠濛江、南接柳河、西邻海龙、北连磐石，是日本侵略军的军事物资补给基地。县城驻有日军守备队100余人、伪军80余人，此外，还有60余人的伪警察大队和伪自卫团武装。县城四周筑有两米高的土围墙，城外是三四米深的护城河，各个城门都有军警把守。日伪凭借着精良的武器装备、深壕和坚固壁垒，根本不会想到东北抗联会来攻打城池。

魏拯民决定采取调虎离山的办法袭取辉南县城。他先是安排一部分兵力在通往濛江的咽喉要地大肚子（抚民屯）附近频繁活动，以此达到调动日伪军出城的目的。几天后，辉南伪警务科长那汝昌果然领着治安大队全部人马，直扑大肚子而来。

魏拯民发现日伪军已中计，立即带领主力部队迅速向辉南县城进发，埋伏在附近的群山中。

10 月 26 日凌晨，魏拯民指挥主力部队从大、小香沟和青顶子一带秘密接近辉南县城，同时安排小分队在通往濛江、磐石、海龙的公路上，切断了日伪军的通信线路，并阻止日伪军的增援。抗联突击队首先来到辉南县城大东门和小东门之间的水洞处，悄悄进入城内，直扑四道街南门伪警察分所，在制伏伪警察哨兵时，惊醒了伪所长，他正准备掏枪射击，却被眼尖手快的东北抗联战士一枪击毙。战士们冲入还在酣睡中被惊醒的伪警卧室，大声喊道：“不许动，你们被包围了！”伪警们还没来得及穿上衣服就全部被俘。东北抗联战士打开城门，主力部队潮水般冲进城来。一部冲进了伪县公署，驻扎在伪县公署旁的伪军，在东北抗联部队“中国人不打中国人”的口号声中，在防御工事中龟缩不出，任由东北抗联部队攻克伪县公署。与此同时，另一支队伍攻克了日军军需库，歼灭守备日军 20 余人，缴获大批武器弹药和被服等军用物资。

龟缩在县城里的治安大队日本指导官得知县

城被攻，立即向濛江、磐石、海龙打电话求救，但电话早已被切断，于是又向山城镇求援，驻山城的日军得知辉南县城被攻的消息，立即从朝阳镇、濛江等地调集500多日伪军杀向辉南。早已埋伏在日伪军来援道路两侧的东北抗联第2军第6师第8团奋勇拦击。经过激烈交战，击毙日军数十人。战斗中，第8团团长钱永林不幸中弹牺牲。

占领辉南县城后，东北抗联战士在城内大街小巷张贴抗日救国标语，向群众散发了《告民众书》《告满军士兵书》等抗日救国宣传单，向群众宣讲抗日救国道理。东北抗联部队按照政策，以市价收买各商户棉布、胶鞋等物资，没收了日伪汉奸财产。东北抗联部队组织了300多名城内外的群众，帮助运送战利品。在完成了攻打辉南县城的各项既定任务后，东北抗联部队迅速撤离县城，向石道河子方向转移。

奇袭辉南城的战斗，不仅缴获了大批部队急需的越冬物资，而且消灭了日伪军有生力量一部，打出了东北抗联部队的声威，扩大了东北抗联的政治影响，给抗日军民以很大鼓舞，给不可一世的日

本侵略者以极大的震慑。

辉南县城战斗后，日伪的“大讨伐”更加疯狂，白天不断有日机来搜寻，一旦发现东北抗联，又是飞机扫射，又是派地面部队围追。第2军部队为保存实力，不得不采取分兵活动，伊俊山率独立旅主力随魏拯民东去濛江，独立旅另一部由方振声率领留在辉南活动，第6师第8团返回临江开展游击活动。

一天深夜，魏拯民率部正在濛江泊子大森林中行进，突然发现日伪军的一处宿营地。当时日伪军正围着一簇簇篝火休息，枪支架在一旁，疲惫不堪的日伪军大都已经进入梦乡。魏拯民当即决定乘其不备予以突然袭击。他选出七八十人组成突袭队，悄悄摸向日伪军。突袭队迅速占领了北面与日伪军临近的制高点。随着魏拯民进攻指令的下达，战士们的机枪、步枪和手榴弹一齐朝日伪军猛烈开火。猝不及防的日伪军有的被当场击毙，有的慌忙逃窜。此战共歼日伪军200余人，逃跑的日伪军许多被冻伤。东北抗联战士缴获了大量枪支弹药、两部无线电收发报机和一些通信军鸽。战斗胜利后，为避免日伪军跟踪追击，魏拯民率队迅速离开濛江泊子，向金川一带转进。

1937 年冬，魏拯民率抗联第 2 军大部进入深山密营中进行休整。在密营中，他利用难得的战斗间隙，深入细致地总结了对日伪军斗争的经验，并对中日战争的长期性、复杂性、残酷性有了进一步清醒的认识，他要求东北抗联战士必须克服急躁、消极、等待和悲观失望等不良情绪，树立长期作战的思想。

1938 年 1 月 10 日，他以中共南满省委名义，发出《给抗联第一路军第二、第四、第六师和独立旅及教导团党委和全体党员同志的信》（即一一〇指示信），要求部队做到：第一，坚持贯彻抗日民族统一战线策略，要求各部队加强对抗日义勇军、山林队及社会各阶层民众的帮助，团结他们一道抗日。加强在伪军、伪职人员中的工作，以孤立日伪，壮大反日力量。第二，要加强地方工作和群众工作，选择忠实有经验的同志负责这一工作。派干部到城市和“集团部落”中去，争取各阶层民众对抗联的帮助与支援。第三，坚持灵活机动的游击战术，采取小部队活动方式。需集中时迅速集中，完成任务后，要适时分散，打破敌人的封锁与“讨伐”。第四，加强部队的思想政治工作，克服脱离群众的单纯军事观点、轻敌思想、急躁情绪和消极思想等各种不良倾向。信中指出，中日战争是长期的、复杂的、残酷的，抗联战士要树立长期作战的思想。

他的这一指示信，给部队指明了斗争方向，统一了部队思想，对加强部队政治思想建设，坚持长期抗战起到了重要作用。

老岭再会杨靖宇

1938 年 2 月中旬，东北抗联第一路军总司令兼政治委员杨靖宇率领军部和教导团由桓仁向辑安老岭地区进发，他要在这里开辟新的游击根据地，同时，等待同魏拯民会面，商讨抗日游击运动策略问题。

魏拯民率领第2军教导团和独立旅、第4师一部及第1军第2师共400余人，也正由临江经通化绕道桓仁，向辑安老岭转进。一路上多次冲破日伪军的围追堵截，4月26日在通化与辑安毗邻地带哈塘沟、二道阳岔与伪通化省警务厅长岸谷隆一郎率领的“讨伐队”交战之后，部队分成两路，一路由桓仁尖刀岭进发，另一路从摇钱树岭前进。杨靖宇得知魏拯民率第2军进入辑安境内后，立即派出他的警卫员及一些战士，分成数组寻找魏拯民。5月上旬，魏拯民率部历尽千辛万苦，克服各种困难，终于在老岭山区五道沟与杨靖宇见面。杨靖宇深知魏拯民这一路的艰难程度，握着他的手连声说道:“这一路辛苦了，真是了不起，了不起!”

东北抗联第1、第2军会师后，中共南满省委和东北抗联第一路军于5月11日在辑安老岭五道沟东北抗联密营召开了军政干部联席会议，即第一次老岭会议。出席会议的有杨靖宇、魏拯民、杨俊恒、韩仁和、黄海峰、徐哲、吕伯岐、伊俊山、宋茂璇、陈秀明等10余人。会议讨论了全国和东南满地区的斗争形势，研究了今后游击活动方向问题，提出“在坚持对日本帝国主义的游击战争中，保存实力，粉碎敌人的全面进攻”的策略方针。

为了能够及时得到中共中央的指示，打通与中共中央和八路军的联系，会议根据中共代表团的指示，决定准备再次组织西征，拟由东北抗联第1军从第1、第2师抽调部分兵力补充第3师，由第3师先行西进，然后第1、第2师再相继西征。

会议还决定，东北抗联第2军第4、第6师继续在通化地区开展游击活动，第5师仍在绥宁地区牵制日伪军，并担任与吉东、北满东北抗联各军联络任务，与其他抗联部队配合作战。同时，鉴于东北抗联第一路军副总司令王德泰已牺牲，会议决定由中共南满省委书记魏拯民兼任东北抗联第一路军副总司令。

老岭会议结束不久，杨靖宇和魏拯民得到情报，伪军索景清旅第32团和辑安县伪警察大队要来对他们进行“讨伐”。

伪军索旅是从热河调来参加东边道“大讨伐”

的精锐部队，曾被日伪当局称为“满洲剿匪之花”。为打击这股伪军，总司令部研究决定，在蚊子沟附近采取围点打援、伏击袭敌的战术将其消灭。

按照计划，魏拯民率领第2军教导团和第2师一部共250人，于6月6日先攻击辑安蚊子沟的“集团部落”，解除伪警察分所、伪自卫团的武装之后，快速撤出蚊子沟，以吸引索景清旅。

果然，驻在辑安的索景清闻讯后，即派第32团1个营在伪警察队的带领下，朝蚊子沟方向扑来。杨靖宇得到索景清旅出动的情报后，即率第1军400人埋伏在距蚊子沟三四公里的家什房子沟口，等待伪军的到来。6月12日，索景清旅第32团140多人来到家什房子沟口，进入第1军埋伏圈。杨靖宇指挥部队集中10多挺机枪向伪军猛烈射击，不到1小时战斗结束，消灭了索景清旅1个营，击毙30余名、俘虏80余名伪军，缴获轻机枪7挺、步枪百余支、匣枪10余支及望远镜2具。

日本侵略者为了从中国掠取更多的矿产、木材等资源，不断地逼迫当地民众为其修建铁路和公路。其中，通（化）辑（安）线铁路工程就是其中的一个项目。通辑铁路是梅（河口）辑（安）铁路的一部分，1937年3月开始修建，由伪军及铁路警备队分驻施工沿线进行“掩护”强修。劳力由天津、山东等地招骗而来，每天劳动时间长达14小时，许多工人在劳累和疾病中死去。为阻止这条铁路的修建进程，解救受难的劳工，杨靖宇和魏拯民指挥东北抗联第一路军部队多次对其进行破坏和阻挠，但效果不是很理想，于是，决定在土口子发动一次更大的袭击。

6月19日夜11时，杨靖宇和魏拯民命令第1军教导团和第2师共600余人，兵分3路，同时袭击土口子铁路隧道、“东亚土木株式会社”值班室和老岭河桥梁工地及阳岔工程分区的今井组宿舍。部队行动迅捷，于天亮前结束战斗，共击毙守军10余人，俘虏80余人，烧毁了工地设施、值班室房屋及大量施工设备及材料，并将日本配给店的大米、面粉、布匹等物资全部没收，部分物品分给工人和当地居民，还解救出了250多名劳工。通过宣传，有几十名劳工加入了东北抗日联军的队伍。其中，日籍工人福间一夫也自愿加入了东北抗联第一路军，被编入教导团机枪连。

翌日凌晨，东北抗联第一路军部队又乘胜攻袭了辑安东岗工区及伪军骑兵第5团团部，经3小时激战，予伪军以沉重打击后，安全撤退。

土口子袭击战的胜利，使通辑线工程陷于停顿状态，有力地阻延了日本侵略者的侵略行为。

里岔沟突围

1938年7月，正当抗联第一路军各部贯彻老岭会议精神，展开新的战斗时，传来了第1军第1师师长程斌投敌叛变的消息。程斌的叛变，对东南满中共组织和东北抗联第一路军的抗日游击行动危害极大，不仅使东北抗联第1军第1师基本瓦解，而且暴露了东北抗联第一路军的整体军事部署和核心机密。程斌投敌后，被委为“富森讨伐队”副大队长，他带着“讨伐队”将东北抗联第1军维系过冬生存的大量密营几乎破坏殆尽。

为了应对因程斌叛变而出现的不利情况，避免东南满抗日运动遭受更大损失，魏拯民和杨靖宇于 1938 年 7 月中旬在辑安老岭大阳沟抗联第 1 军密营共同主持召开了中共南满省委和东北抗联第一路军干部紧急会议（即第二次老岭会议）。会议决定中共南满省委和东北抗联第一路军总部实行战时应急体制，东北抗联第一路军总司令部内设置中共南满省委代行机构，实行党、军一体化。鉴于地方中共组织及外围团体有可能遭受日伪破坏和镇压，暂将一些组织撤销，地方干部转入东北抗联部队。

程斌叛变后，东北抗联第 1 军第 1 师大部损失，中共桓兴县委等地方组织遭破坏，失去西部地区活动基础，故取消原定第 1 军再次西征的计划。主力部队迅速撤出辑安老岭山区，向金川、濛江山区转移。考虑到原第 1 师在本溪、宽甸、桓仁的抗日游击根据地大部丧失，其他各部队决定东进，依托长白山大森林与日伪展开斗争。

会议还决定取消东北抗联第 1、第 2 军及各师番号，在东北抗联第一路军总司令部统一领导下，将第1、第2军改编为第一、第二、第三方面军和警卫旅。重新划分游击活动区域，各部队实行分区作战。同时，派人去关内寻找中共中央，以取得联络，获得中共中央的领导和指示。

第二次老岭会议的决策部署，对于东北抗联第一路军扭转困难局面，冲破日伪的“讨伐”，以新的阵容，新的姿态，继续进行新的战斗，坚持在长白山地区开展抗日游击战争，具有十分重要的意义。同时，这一调整，也使得日伪当局以为通过叛徒了解到中共南满省委、东北抗联第一路军情况便可立即将中共南满省委、东北抗联第一路军一举消灭的幻想破灭。

在杨靖宇、魏拯民的领导下，抗联第一路军各部队陆续开始改编。但因各部队活动区域分散，相隔遥远，加之日伪的疯狂“讨伐”，改编过程长达一年之久。1938年8月初，杨靖宇和魏拯民率领军部、警卫旅和第一方面军第2师在辑安县老岭山的庙岭一带筹集给养。当他们来到庙岭附近的长岗时，有群众前来报告，说埋财沟南边来了不少日伪军。杨靖宇听后即派侦察兵前去侦察。侦察兵回来报告说，这股日伪军是伪军索景清旅的“讨伐队”，还有部分日军，共有300多人，计划下午4时出发。杨靖宇和魏拯民研究后决定，消灭这股日伪军，提振部队的士气。于是，命令部队在日伪军行进的必经之地埋财沟一带设下埋伏。

下午4时许，毫无防备的日伪军懒懒洋洋地向埋伏地走来，埋伏在一处高地上的杨靖宇和魏拯民看得清清楚楚，当日伪军全部进入伏击圈时，杨靖宇拔出手枪，大喊一声“打！”，所有火力全部射向日伪军，打得日伪军抱头鼠窜。缓过神来的日伪军，立即组织还击。突然冲锋号响，东北抗联战士纷纷跃起端起刺刀发起冲锋，与日伪军展开白刃格斗。看到这强大的阵势，许多伪军乖乖地举起了双手。

这时，一伙日军乘机抢占了一个制高点，居高临下地用机枪向东北抗联战士扫射，部队出现伤亡。参谋长杨俊恒见状，立即组织战士向机枪火力点还击，当他带头向山头冲击时，不幸中弹牺牲。

经过两个多小时的激战，傍晚时分结束战斗，日伪军大部被消灭，伪旅长索景清带残部狼狈逃跑。此战，共击毙日本指导官骑兵中尉西田重隆、步兵大尉高冈武治等日伪军 60 多人，俘虏 30 多人。缴获机关枪 4 挺、步枪 50 多支、手枪 4 支、望远镜 2 具，以及其他大量军需品。这是东北抗联第一路军整编以来一次较大的胜利。

进入 10 月，日伪军对东北抗联第一路军的“讨伐”和“围剿”越来越频繁。杨靖宇和魏拯民带领警卫旅、少年铁血队和第 2 军 1 个团，共 500 人穿越通（化）辑（安）铁路线，连续袭击了六道沟、七道沟和郝家街 3 个日伪据点。这几次战斗，使日伪了解到东北抗联第一路军北上的意图。日伪为阻止第一路军北进，调集大批兵力前堵后追。第一路军部队行进到哪里，日伪军就跟到哪里，在 13 天行军中，进行了 14 次战斗。

10 月 11 日，日军飞机在通化横路以西发现了东北抗联第一路军踪影，即派伪军杨春煜部前来“讨伐”。杨靖宇和魏拯民指挥部队与之交战 7 小时，打死打伤伪军指导部长石井少校及下属数十人后，退到老人沟附近才摆脱追兵。部队还没来得及休整，第二日又一波日伪军围了上来，部队边打边退，一直退到老营沟附近，仍未摆脱追兵。

10 月 17 日晚，杨靖宇和魏拯民率部到达林子头北部浑江边。是时正值午夜，月淡星稀，寒气逼人，沿江几里无桥无船，江水冰寒彻骨。为了争取时间，及时过江，杨靖宇把匣枪高高举过头顶，第一个下水涉江。魏拯民不顾自己病弱的身体，紧随其后。同志们见总司令和副总司令如此，也就扎紧裤腿，紧随其后。江心水深浪急，个子矮小的女同志就由两个男同志架着蹚过。杨靖宇说："我人高、个大、条件好，来，我一个人架一个。"便单独架一朝鲜族女战士。魏拯民则不断嘱咐战士们要步步站稳，保护好武器弹药。

杨靖宇看着部队都过了江，诙谐地说："怎么样？该给这条江记上一功！长途行军的疲劳，都被这个冷水澡洗得一干二净了。"

魏拯民接过话："没有什么困难能难倒东北抗联战士的！只要我们坚持战斗，日本侵略者一定会被赶出中国！"

同志们深为杨靖宇、魏拯民这种乐观精神所

感染，大家兴致勃勃，拧干衣服，整顿队伍，又继续前进。

部队渡过浑江到达临江县里岔沟后，见此地举目皆是高山峻岭，便决定在这里宿营，等天亮后再向河里地区进发。第二天拂晓，发现有日军的飞机在里岔沟地区上空盘旋侦察，并撒下大量传单。魏拯民说："敌机散发传单，说明敌人已发现了我们的行踪。部队应马上转移，向里岔沟进发。"杨靖宇同意说："通知大家吃点干粮，立即出发。"

当部队走进里岔沟不远时，前面的战士发现沟口已被大批日伪军封锁。原来，日伪军得知杨靖宇和魏拯民所部的行踪后，调动富森、中川、三井、李佑、大苏、牛天、朱广、陈明、房德、宋瑶、里希、杨春、张荫日伪军 13 支部队共 1 万余兵力在此地布下"铁壁合围"阵，拦截东北抗联第一路军，意欲全歼。

面对严峻军情，杨靖宇、魏拯民镇定自若，迅速部署警卫旅、少年铁血队做好突围战斗准备。

突围战斗自清晨一直打到傍晚。战斗中，警卫旅第 3 团所占据的阵地是里岔沟的制高点。日伪军对这一阵地展开多次进攻，双方争夺阵地的战斗极为激烈，在回击日伪军第 13 次进攻时，警卫旅第 3 团团长朴先锋不幸中弹牺牲。战至傍晚，东北抗联战士虽打退日伪军组织的多次进攻，但仍未能实现有效突围。

夜里，杨靖宇和魏拯民召开师团干部会议，根据白天对战场形势的观察，决定由警卫旅和少年铁血队抽出 20 名精干人员组成突击队，从日伪军兵力较弱的西北方向山势陡峭处打开缺口，由司令部机关枪连一个排和少年铁血队一个班随后跟上，对付日伪军第二道封锁线，司令部紧跟突击队，第 1、第 3 团部队殿后，边掩护边突围，并要求所有干部战士把一切不必要的东西全都扔掉，轻装行动。

魏拯民发表了很简短的讲话，他要求全军共产党员要以自我牺牲的精神夺取突围胜利。他说："我们就是战斗到最后一人，这个人也要把抗日救国的红旗继续高高举起！"

深夜 11 时许，突围准备工作全部完毕，部队开始向西北移动。距离日伪军越来越近，甚至连日伪军坐在火堆旁说的话也听得清清楚楚。全军没一点声息，只能听到寒风扫落叶的沙沙声。突击队神不知鬼不觉地摸到西北山岗的守军面前。只见日伪军有的在低头烤火，有的抱枪在睡觉。杨靖宇命令部队先停下来，让会讲日语的特务连先上。日伪军一看有人上来，立即拉开枪栓喊道：“干什么的？”

特务连连长用日语喊道：“喊什么？都是自己人。”部分朝鲜族战士也喊起日语，一时把日伪军弄糊涂了。当他们与日伪军越来越近时，两个伪军凑了过来，特务连连长“叭叭”就是两枪，当场打死一个，另一个转身就跑，边跑边喊：“有抗联，有……有……有抗联……”日伪军瞬间炸开了，里里外外乱作一团，有的连枪还没摸着就被打死了，有些拿起枪不分青红皂白就乱打。趁乱中，杨靖宇和魏拯民率领部队边打边往外冲，突击队终于在日伪军间隙中打开了突破口。紧接着，杨靖宇、魏拯民率司令部及第 1、第 3 团相继冲出重围。

等到队伍全部冲出包围圈时，还听到日伪军密集的枪声。原来，日伪军一直打到第二天天亮，才发现是自己人跟自己血拼了一夜……

里岔沟突围战是一次以巧妙游击战术，以少制多、以弱制强的成功战例。此战，粉碎了日伪军苦心经营20余天妄图歼灭东北抗联第一路军司令部及直属部队的计划，使东北抗联部队在强敌包围，局势十分危险的情况下，转危为安。战斗中，毙伪军团长1人，毙伤日伪军80余人，缴步枪20余支。东北抗联第一路军警卫旅伤亡近20人。

里岔沟胜利突围后，魏拯民率第2军部队向东部山区转移。杨靖宇率一部向北转移。1938年11月25日，杨靖宇率部进至濛江县南泊子，与东北抗联第2军第6师金日成所部会合，将该部改编为东北抗联第一路军第二方面军。

夜袭木箕河林场

1938年12月，魏拯民率第2军第4师部队在桦甸县境内活动。杨靖宇率警卫旅和少年铁血队经濛江县杨树村、二道花园、三道花园向桦甸县进发。不久，在桦甸县会全栈再次与杨靖宇会师。1939 年 2 月 18 日是农历除夕。警卫旅、少年铁血队与第 2 军第 4 师指战员在桦甸县老金场密营举行了春节联欢会，欢度春节。联欢会上，战士们载歌载舞，高兴异常。杨靖宇、魏拯民在讲话中，祝贺在过去一年里中、朝干部战士在对日伪斗争中取得的胜利，号召同志们继续努力，在新的一年里取得更大的胜利。

春节过后，魏拯民提出，利用这一难得的两军会师的时机，统一思想、整顿队伍，以一路军总司令部名义举办共产党员干部训练班。这一建议得到杨靖宇的积极支持。于是，第 2 军第 4 师一部、东北抗联第一路军总司令部警卫旅等部队的共产党员干部参加了训练班。魏拯民和杨靖宇分别在训练班上作了专题报告。讲述全国抗战形势，讲解中共中央对东北抗联的关怀和期望，提出了东北抗联第一路军今后一个时期的战斗任务。训练班还集中学习讨论了“中国革命的性质”“抗日战争的胜利需多久”等问题。通过训练班，使参加学习的党员干部明确了抗日战争是一场持久战，要有长期作战的思想准备，必须克服急躁情绪。在魏拯民、杨靖宇的激励下，参加训练班的全体党员干部表示：要发挥先锋模范作用，冲破各种艰难险阻，夺取抗战最后胜利。

经过整顿的部队干部战士，精神焕发、斗志昂扬。部队按照既定的目标又出发了。一天，杨靖宇和魏拯民带领东北抗联第一路军总司令部直属部队行至桦甸县柳树河子时，发现有一支约 900 多人的伪军跟踪而来。傍晚，这股伪军有一部在柳树河子沿岸搭起 12 座帐篷，开始宿营。杨靖宇和魏拯民商量决定，在伪军未发现我军时，展开一次夜袭伪军宿营地的战斗。伪军住在帐篷里，每个帐篷门口都笼着一堆火，因此，杨靖宇给这次战斗起了个形象的名字叫“摸火堆”。

杨靖宇对参加战斗的同志们说：“敌人远道而来，走了一天的路程，他们支上帐篷就放心睡大觉，还没发现咱们的行踪，一定很麻痹。在他们没有防备的情况下，咱们各部队每个连抽出 10 个人为一组，每组配备 1 挺机枪负责攻打 1 个帐篷，缴了武器马上撤走，不要恋战。”

魏拯民风趣地说："这样打法可够敌人受的。"他又问即将参战的战士们："大家还有什么困难吗？"

战士们高声回应："没有困难，一定打他个落花流水。"

参战人员饱餐了一顿，一切准备就绪后，时间已经到半夜了，部队陆续出发。

根据战斗部署，突击队10人1组，共12组，兵分两路，一路顺柳树河往上摸，一路往下摸。半夜时分，伪军在帐篷里睡得正酣，突然，枪声四起，12座帐篷同时被雨点般的子弹射来，从梦中惊醒的伪军钻出帐篷，乱作一团，死的死，伤的伤，动作快的拼命向森林深处逃窜。此次战斗，共消灭伪军100多人。警卫旅第3团团长李东学在此次战斗中不幸负伤，不久后不治牺牲。

抗联部队长期在野外风餐露宿，很久没有吃到食盐了，战士们四肢无力，全身肿胀，有的患上抽筋、咳嗽等疾病。许多战士棉衣也破烂不堪，难以抵御春寒。侦察连的战士侦察到，离这里不远的桦甸木箕河林场有粮食、食盐、被服等部队急需的物资。为打击掠夺中国森林资源的侵略者，解放林场劳工，缴取军需物资，杨靖宇、魏拯民商量决定袭击木箕河林场。

桦甸县木箕河林场位于富尔岭下，木箕河上游，由日本人开办经营，该林场场部戒备森严，设有高墙，墙外有铁丝网，四角设有炮楼，有100多名伪森林警察队负责保护。大门包有铁皮，昼夜派岗哨把守，用以监视伐木工人劳动和防备抗日部队袭击。伪警察长曾妄言：“抗联要想攻下木箕河林场，起码也得3天，而3天之内哪路援军都能赶到。”林场有劳工1000多人。劳工们境遇凄惨，但又无法逃跑，都期盼着哪天东北抗联能打过来，把他们救出这座人间地狱。

战前，杨靖宇和魏拯民制订了周密的作战计划。派警卫旅第3团和少年铁血队，悄悄进入林场，埋伏在林场西边沟口准备伏击日伪军援兵，以小部分兵力佯攻四周炮楼牵制日伪军，而以大部分兵力集中火力主攻场部大门。

3月14日夜，各部进入指定位置，战斗打响后，警卫旅第3团和少年铁血队战士用手榴弹和4挺机枪对准林场大门猛烈轰炸和扫射，大门终于

被打开。战士们勇猛地冲杀进去，将负隅顽抗的伪森林警察队长李海山、伪警尉补郑文彬等 10 余人击毙。伪警察见抗联战士攻势凶猛，便从场部后门逃到山上。战士们追至山脚，高喊“中国人不打中国人”“缴枪不杀”，跑到山上的近百名伪军先后下山投降。4 名钻进地道的日本人被抓获。缴获机关枪 1 挺，步枪 30 余支，匣枪 2 支，无线电台 1 部，望远镜 1 具，马牛 200 余匹（头），大批粮食、食盐、布匹、棉被等。还解放了 1000 多名受苦的劳工。

林场日伪军宿舍及贮存的木材被战士们浇上汽油点着，大火烧了一天一夜。日本人苦心经营的木箕河林场化为一片灰烬。工人们看到东北抗联打了胜仗十分高兴，几百名工人帮助部队运送缴获的物资，有的还要求加入东北抗联。杨靖宇和魏拯民当即发表讲话，欢迎工人兄弟加入东北抗联部队，号召大家一致奋起，赶走日本侵略者，推翻伪满洲国。

木箕河林场战斗后，部队转移至木箕河南 4 公里地方休整。3 月 16 日，日伪中川部队、富森工作队及桦甸县伪警察队 800 余人，跟踪急追而来，杨靖宇、魏拯民指挥部队与日伪军在八道河子地方展开激战，在历时 7 小时的战斗中，打退日伪军数次进攻，日伪军被击退，毙伤伪警察 80 余人。东北抗联战士也有很大的伤亡，警卫旅第 1 团团长许国有等 10 余人在战斗中牺牲。

战斗结束后，杨靖宇、魏拯民率部进行为期一周的急行军，越过了富尔岭。不久，又长途奔袭了敦化县大蒲柴河。

大蒲柴河内有日军军火仓库，储备有许多枪支弹药和军需物资。1939 年 4 月 7 日晚，东北抗联第一路军警卫旅、少年铁血队和东北抗联第 2 军第 4 师攻袭了该镇。此战毙伤日警尉藤田一夫等 8 人，击伤伪警察署长李际元等 10 人。攻下伪警察署，将 20 余名伪警察全部缴械、俘虏。打开日伪军火仓库，缴获轻重机枪各 1 挺、步枪 50 余支、匣枪 5 支、子弹数万发和伪币 8 万余元。之后，将伪警察署和日伪军火仓库点燃。次日晨 3 时，部队顺利撤走。随即又攻打了小蒲柴河“集团部落”及浪柴河日伪据点。

不久，杨靖宇率警卫旅、少年铁血队返回南满，魏拯民率第 2 军第 4 师继续在桦甸、蛟河、延吉等地开展游击活动。

改编第三方面军

1939 年 5 月中旬，日本侵略者在中蒙边境发动了旨在向北侵略的“诺门坎战役”，出动 7.5 万关东军、500 多门火炮、182 辆坦克和 300 多架飞机同苏联开战，这是日本帝国主义继 1938 年的“张鼓峰事件”后的又一次向苏联武装挑衅的事件。

“诺门坎战役”的打响，引起了魏拯民和中共南满省委的极大重视，魏拯民在指挥东北抗联第一路军积极开展游击活动的同时，通过第一路军总政治部编印的《中国报》等报纸，向游击区抗日军民揭露日本帝国主义发动“诺门坎战役”的真相，号召各界群众积极行动起来，同日本侵略者武装斗争。同时，他感到日本关东军调集大批部队到中蒙边境参战，内地军事力量相对减少，是东北抗日联军开展抗日游击战争的绝佳机会。魏拯民指示东北抗联第一路军各部，积极开展游击活动，破坏日伪后方兵站，狠狠打击日本侵略者。

由于东北抗联第一路军及东北抗联其他各军在南满、北满、吉东地区积极开展游击活动，搞得日伪当局难得安宁，牵制了大批日军，使日军方面不得不从诺门坎前线调回一部主力应对东北抗联的活动。

6 月 5 日，魏拯民率领东北抗联第 2 军第 4 师袭击了敦化县寒葱沟日伪据点，紧接着，又在敦化县西北岔北方大蒲柴河向日伪军助川部队“松岛讨伐队”发起进攻，击毙助川部队长以下 20 余名日伪军。6 月下旬，第 2 军第 4 师又在敦化县腰岔、安图边界庙岭袭击日伪汽车 4 辆，歼灭日军 18 人、伪军 40 余人、伪警察 40 余人，缴获重机枪 1 挺、步枪百余支、子弹万余发。随后，部队转移到延吉县天宝山一带开展游击活动。

天宝山是一个盛产铜、铁、铅、锌的矿山。

为了打击侵略者，解放苦难矿工，6月29日夜，魏拯民指挥第4师部队会同游击至此地的东北抗联第一路军第二方面军第6师第9团，袭击了天宝山铜铅矿矿务所和天宝山镇伪警察署。他们兵分两路，一路由第4师第1团团长崔贤率领直捣矿场，另一路由第4师参谋长朴得范率领攻入天宝山镇。毙伤日军守备队12人，俘虏了矿山全部伪警察，烧毁了矿山事务所和天宝山镇伪警察署，破坏了矿山的生产设备，没收了镇内日伪经营的商店、粮店、药店的布匹、棉花、粮食、药品等物资。

第二天清晨，魏拯民在天宝山镇小学校召开群众大会，进行反满抗日宣传，并处决了几个罪大恶极的日本人把头，把缴获的布匹、棉花、粮食等物资分给贫苦群众。当场有50多名青年矿工要求参加东北抗联。天宝山一战，给日伪造成80余万元的经济损失，使该矿停产1年之久。

1939年7月7日，在七七事变爆发二周年之际，魏拯民起草了《中共南满省委、抗联一路军总政治部为“七七”二周年告东北中国同胞书》，疾呼:“同胞们!兄弟们!七八年的奴隶,自由和财产的净光!就剩下一个脑袋和两只空手了!干!不要犹疑了!”

“中国人联合起来!推翻满洲伪国!驱逐日本强盗!”

“中华民族独立解放万岁!抗日最后胜利万岁!”

魏拯民还以东北抗联第一路军总政治部的名义发表《告伪满军中国籍全体官兵同胞书》,两个“告同胞书”进一步鼓舞了南满人民坚强斗志,坚定了抗战必胜的信心。

7月,魏拯民根据第二次老岭会议精神,在汉阳沟附近的海沟召开了第2军第4、第5师部队领导人会议。会上讨论了当前的斗争形势,制订了今后的作战计划。会上,魏拯民特别强调:“今年冬季,敌人将要在长白山区进行大搜捕,对此,我们要做好充分的思想准备和物资准备。”

会议还决定落实一年前第二次老岭会议部署的改编任务:将原东北抗联第一路军第2军第4、第5师合编为东北抗日联军第一路军第三方面军,陈翰章任指挥，侯国忠任副指挥，朴得范任参谋长。第三方面军下辖 3 个团，即第 13、第 14、第 15 团和 1 个警卫连。第 13 团团长崔贤，政治委员赵正哲；第 14 团团长金东奎，政治委员安吉；第 15 团团长兼政治委员李龙云。全军共计 300 余人，活动区域为延吉、汪清、珲春、敦化、蛟河、宁安、五常、舒兰等地。

为了集中全部力量与日伪军战斗，魏拯民提议将老弱伤病的战士及孤儿送往苏联休养。而此时的魏拯民，身体已极度虚弱，有人劝他也到苏联去休养一段时间，他说："我怎么能离开部队呢？我要坚定地跟随部队，和同志们在一起，同敌人战斗到底！"

围点打援显神威

刚刚完成改编的第三方面军，全军士气旺盛。魏拯民决定攻下安图县城（今松江镇），以策应处在艰难环境中的第一、第二方面军。但在进军途中，因叛徒告密，使安图守军加强了防范，攻打安图县城未能实现。

一天，魏拯民找来第三方面军指挥陈翰章和副指挥侯国忠商量，他说："直接攻打安图县城的想法虽没实现，但我们可以换一种打法，攻打位于安图县城和明月沟之间的大沙河镇，以吸引安图县城和明月沟的日伪军前来增援，然后将其一起消灭。"大家一听，这办法可行。于是，派人联络在此活动的东北抗联第一路军第二方面军第 9 团以及东北抗联第 5 军第 2 师政治部主任陶净非率领的第 5 军第 2 师第 5 团部队，一起完成这次"围点打援"。

战斗开始前，魏拯民找到第二方面军第 9 团团长马德全了解大沙河敌情，该团在大沙河一带活动过，对情况比较熟悉。马德全告诉魏拯民："大沙河警察署有两个日本人，几十名伪警察，腰团屯里有 100 多名屯垦队员，我们已经向大沙河派去了 3 个人，他们在伪警察署里找到一个内应，如果晚上他们把城门打开，我们可以不费一枪一弹，把敌人全部活捉。”

魏拯民又找来各部领导人进行研究，最后决定：由第三方面军指挥陈翰章和第二方面军第9团团长马德全共率300多人攻打大沙河；由第三方面军副指挥侯国忠率领一部埋伏在大沙河南杨木条子，截击从安图方向来援的日伪军；魏拯民亲率一部兵力和东北抗联第5军第2师第5团在大沙河东江北方的“大酱缸”地方设伏，截击从明月沟方向开来的日伪军。

一切布置妥当后，8月22日，陈翰章率领第三方面军第14团、第二方面军第9团共300余人，携带9挺机枪，2个掷弹筒奔向大沙河。

部队抵达大沙河外围后，接到9团潜入大沙河人员传递出来的情报，约定23日夜里12时左右，看见北城门上有手电光，就开始进攻。当晚，陈翰章率部队来到大沙河北城下，埋伏在离城门约50多米的菜地里。时间一小时一小时地过去了，原定的联络时间已到，可是城墙上还是没有出现联络暗号。后来才得知，负责在城门上与抗联联系发信号的伪警，在当天下午被临时派往他处，没来得及通知抗联。陈翰章考虑到强攻代价太大，决定等第二天城门打开时再伺机攻入城内。

24 日拂晓，城门刚一打开，守候在附近的抗联战士们，击毙在城门站岗的伪军，迅速涌入城内，直奔伪警察署大院。日本警长德武正臣命令伪警察依据院内炮台拼命抵抗。抗联战士前进受阻，只得用临街房屋做掩体，与日伪军展开激战。战至中午，抗联战士占领炮台，终将伪警察署守军大部歼灭。德武正臣被击毙，其余伪警察逃到城北柳毛趟子里。

进攻大沙河的战斗打响之后，果然不出所料，从安图县城开来几辆满载日伪军的增援汽车。当日伪军汽车进入埋伏圈后，埋伏在大沙河南杨木条子公路东侧的侯国忠，指挥一个连的战士拼命阻击。经一小时激战，将安图县城增援部队大部消灭，其中击毙日本守备队员 4 名。不幸的是，第三方面军副指挥侯国忠在这次战斗中壮烈牺牲。

明月沟方向的日伪军直到第二天才赶到增援。埋伏在大沙河东江北方“大酱缸”的魏拯民，率领司令部直属部队警卫旅第 3 团、第 13 团以及东北抗联第5军第2师第5团，一直等到第二天上午10时许，才听到远方传来的汽车马达声，日军“宫本讨伐队”80余人和“间岛特设部队”20余人乘5辆汽车从明月沟方向向大沙河驶来。当日伪军的汽车进入伏击圈时，魏拯民指挥警卫班的几挺机枪突然向打头的汽车开火，第一辆汽车被打废，后面的几辆汽车被拦在路中前进不得，后退也不能。就在日伪军惊恐万状之时，数挺机枪和上百支步枪以雷霆万钧之势一齐射向他们。战斗进行得很顺利，日伪军除6人逃跑外，包括宫本在内的80余人皆被击毙，5辆汽车皆被焚毁。

大沙河连环战，是魏拯民指挥东北抗联第三方面军与友军共同取得的一次较大的进攻战和伏击战，极大地鼓舞了东北抗联战士的士气，增强了广大抗日军民夺取抗战胜利的信心和决心。

大沙河战斗结束后，魏拯民率第三方面军一部去桦甸县一带活动。崔贤率领第13团前往安图县汉阳沟、两江口一带活动。第14、第15团在陈翰章率领下，向敦化县寒葱岭方向转移。

独撑危局

1939年3月，日本关东军司令部与伪治安部经过精心策划，专门在伪通化省新成立了第八军管区，管辖所谓东边道地区的军事事宜，并延长“三年治安肃正计划”，同时决定在伪间岛、吉林、通化三省进行“日满”军警联合“大讨伐”，妄图彻底消灭在东南满地区活动的东北抗日联军。

在这次“大讨伐”斗争中，东北抗联第一路军各部在极端艰苦的条件下，与日伪军连续作战，有时一日数战。仅1939年8—10月两个多月的时间内，东北抗联第一路军各部与日伪军战斗137次，其中袭击92次，交战45次。尤其是进入冬季以来，斗争更加艰苦。东北抗联战士们缺衣少食，武器弹药严重不足，战士们经常冒着零下三四十摄氏度的严寒与日伪军进行搏斗。战斗之频繁、残酷、激烈达到了空前的程度。

在激烈的战斗中，东北抗联第一路军指战员不畏艰险，顽强奋战，表现出无敌的勇敢和大无畏的牺牲精神。魏拯民始终同大家战斗在一起。由于战斗频繁，得不到休息，连一顿热饭都吃不上，魏拯民的心脏病和胃病更加严重了，在战斗中几次晕倒。但他在战士面前始终表现出十分的坚强和乐观。

一次，魏拯民率领部队转移时，正翻越一段山路，他看到战士们都很疲惫，就风趣地说："咱们比赛，看谁先到山顶。"

说完，他带头向山上爬去。可是，力不从心，没爬一会儿，他就眼前一黑晕倒在地。战士们连忙将他扶着躺平，几分钟后，他苏醒过来笑着说："怎么，我又睡了一觉，你们看，我睡得多快啊！"

一天，部队截获了日伪军的一辆大车，车上装的全是酒，还有十几斤咸菜、几斤苹果和两盒罐头。战士们把苹果和罐头拿给他，让他补补身体。他笑着说："在最艰苦的条件下，能有如此的互相友爱，只有在我们这支阶级弟兄般的队伍里才能看得到。"

他拿起一个苹果放在嘴边闻了闻，笑着对身边的同志说：“把苹果送给在西边指挥作战的杨总司令，把罐头分给伤员。”停了一会儿，他又说：“这些天大家都没吃上一顿热饭，今天既然有战利品，咱们就改善一下生活吧，煮咸菜汤喝。”

由于咸菜少、水多，煮出的汤和白水差不多。魏拯民喝了一口，笑着说：“我给大家讲一个故事。有一年天大旱，旱得地裂草枯。有一位老大爷在一个快要干枯的池塘边捉到一只蛤蟆，他带回家里后，煮了一锅汤。全家人边喝汤边说，这汤味道鲜美。当全家人喝完汤后，却发现那只蛤蟆，仍然鼓着眼睛，蹲在锅台上。”战士们听后都捧腹大笑。

东南满抗日斗争形势日趋恶化，抗日游击区域不断缩小。日伪军残暴、狠毒的“武力战”“经济战”“思想战”，致使东北抗联第一路军遭到很大损失，东南满地区抗日军民蒙受深重灾难。东北抗联第一路军被逼进东部边境伪通化省、间岛省森林地带，陷入了异常困苦的境地。在残酷的反“讨伐”求生存的斗争中，东北抗联第一路军的许多指挥员因频繁的战斗和饥寒交迫的险恶环境献出了宝贵生命。此时，东北抗联第一路军只剩 1000 余人。

1939 年 9 月 30 日，杨靖宇率东北抗联第一路军总部警卫旅和少年铁血队在桦甸头道溜河口与魏拯民会合，他们立即召开了中共南满省委和东北抗联第一路军主要领导人会议。参加会议的有杨靖宇、魏拯民、韩仁和、全光、方振声、徐哲、黄海峰等人。会议分析了当时的严峻形势，研究了反击日伪三省联合“大讨伐”的斗争策略。为保存部队实力，避免遭受歼灭性的打击，会议决定将第一路军各部编成小股部队进行分散活动。具体部署是，魏拯民和第三方面军一部去吉林、敦化地区寻机作战；金日成率第二方面军在长白山区、鸭绿江上游地区周旋转战，牵制日伪军；杨靖宇率军部直属部队及第一方面军一部在濛江、抚松一带坚持开展武装斗争，并居中指挥，以冲破日伪的三省联合“大讨伐”。

会后分别时，魏拯民紧紧握住杨靖宇的手说：“多保重，明年开春我们再见。”

杨靖宇风趣地说：“好！这一冬，你可要把身体养好啊！”

可没料到的是，这竟是两位亲密战友最后的诀别。

此后，东北抗联第一路军各部化整为零，在长白山区的濛江、抚松、金川、辉南、桦甸、敦化、和龙、安图、临江、辑安、宁安等地同日伪周旋转战，坚持艰苦斗争。

杨靖宇率领第一方面军部分人员在极其艰苦的环境中与日伪军周旋数月，由于数次分兵和在战斗中不断牺牲，杨靖宇身边的战士越来越少，最后只剩孤身一人。1940 年 2 月 23 日，杨靖宇在濛江县保安村三道崴子壮烈殉国。

魏拯民得知杨靖宇遇难的噩耗，悲恸欲绝，长时间不能自拔，他为失去这位优秀的共产主义战士、杰出的军事领导者和指挥员感到万分惋惜。

杨靖宇牺牲后，中共南满省委书记兼第一路军副总司令、总政治部主任魏拯民担负起了全面指挥东北抗联第一路军的重任。为继承杨靖宇未竟的抗日大业，他强忍疾病折磨，抱病出征，指挥抗联第一路军警卫旅和第一、第二、第三方面军在东南满地区继续与日伪进行着顽强的斗争。

1940 年 3 月 13 日，魏拯民在桦甸县头道溜河主持召开中共南满省委和东北抗联第一路军领导干部会议（第二次头道溜河会议）。会上，他对杨靖宇牺牲表示沉痛哀悼。魏拯民说：“杨总司令为革命事业艰苦卓绝地奋斗了一生。他的全部生活是党的生活，他没有个人生活。”

“杨总司令是被日本帝国主义强盗杀害的，这一笔血海深仇，我们一定要让敌人用血来偿还！”

“他是为我们中华民族的解放事业而被日本侵略强盗杀害的，我们要完成杨总司令生前未完成的事业。待到革命胜利的那天，我们每个人都要问心无愧地站在靖宇同志前说：杨靖宇同志，我们在你之后，做了我们应该做的事。”

会上，魏拯民带领大家庄严宣誓：为了祖国人民，为了杨总司令，我们第一路军全体战士，紧密团结，坚决继承杨靖宇的事业，踏着烈士的血迹，继续奋战，克服一切困难，一定把鬼子赶出去！

第二次头道溜河会议分析、讨论了当时面临

的形势、任务和军事、共产党的工作等问题，对东北抗联第一路军今后的活动作了重要部署。会议根据中共地方组织遭到严重破坏，地方工作薄弱的实际情况，决定从部队抽调有一定地方工作经验的干部转到地方工作，克服忽视地方工作的缺点。派联络员赴苏联，以便通过苏联的帮助恢复与中共中央的联系。

会议还决定东北抗联第一路军警卫旅，第二、第三方面军穿过“新京”至图们铁路线，向汪清、宁安、东宁、穆棱、五常等地突围，打击日伪军，第一方面军在临江、濛江坚持斗争，以掩护主力部队北上，并负责筹集给养。

会后，第一路军各部即按会议部署分头进行活动：派金在范（原第 2 军第 4 师第 2 团政治委员）等 5 人到延吉、桦甸松花江以北地区，在工农、学生中进行抗日宣传鼓动，以加强地方工作。派陈秀明为联络员赴苏联。派全光率机枪班、总司令部秘书处及部分后勤人员到桦甸、濛江一带总司令部后方密营活动。魏拯民亲率警卫排赴桦甸牡丹岭一带寻机歼敌。

抗联第一路军第一方面军主力部队在曹亚范、伊俊山率领下，在临江、濛江县境频繁出击，狠狠地打击了日伪军。指战员在冰天雪地、缺衣少食的极端困难的日子里，坚持与顽敌搏斗。在日伪军跟踪追击时，常常是几天几夜不吃不睡，许多战士躺倒在雪地上就再也起不来了。由于饥饿、严寒和日伪军的不断“讨伐”，第一方面军大量减员。4 月 8 日，第一方面军指挥曹亚范在濛江县龙泉镇西瓮圈活动时，被叛徒杀害。曹亚范牺牲后，第一方面军部分人员继续转战，后与第二方面军会合，跟随第二方面军进入苏联境内。

第二次头道溜河会议之后，魏拯民的身体每况愈下，他强忍着病痛，抱病出征，独撑危局，亲临斗争第一线指挥战斗。

1940 年春季，他率领东北抗联第一路军总司令部与韩仁和率领的警卫旅在桦甸县境内会合后，带领所部在桦甸县木箕河、大榆树河子、西北岔、草帽顶子、安图县杨木条子和敦化县大蒲柴河等地，采取伏击、突击、夜袭战术，予日伪以意想不到的打击。

此时，日伪军在东南满地区的“讨伐”日益加紧，由于日伪军对东北抗联部队实行军事打击和经济封锁兼施的政策，断绝民众对东北抗联部队的一切粮食、生活必需品的支援，给东北抗联部队的生存带来极大的困难。

魏拯民于1940年4月在给中共驻共产国际代表团的信中，报告了中共南满省委和东北抗联第一路军的工作和面临的严重困难，渴望取得中共中央的领导。信中说：“在一九三五年秋季……后，就完全断绝了中央与北满的关系，因而也就得不到中央的具体指示与中央所发行的文件与通讯……我们有如在大海中失去了舵手的小舟，有如双目失明的孩提，东碰西撞，不知所从。当目前伟大的革命浪潮汹涌澎湃之际，我们却似入于铜墙铁壁中，四面不通消息，长期闷在鼓中，总听不到各处革命凯歌之声……自从与上级机关中断了联系之后，我们在工作上还不断地遭到不可想象的重大损失……我们终日所希望的，就是不要再度长期中断了联络。”

7月1日，魏拯民再次给中共驻共产国际代表团写信，报告中共南满省委和东北抗联第一路军的工作及粮食、用品严重缺乏等情况。与此同时，魏拯民还写信给关内的八路军，盼望取得联系，在共同抗日斗争中相互声援。魏拯民先后派交通员将这几封信分别送往苏联或关内，但因日伪严密封锁，这些信都没有及时送到。

民族魂永驻

1940 年的秋天，天气比往年冷得要早，身体极度透支的魏拯民心脏病不断恶化，加之前不久在一次战斗中又添新伤，他已无法随军指挥作战了，不得不离开部队，由警卫排护送回到桦甸县夹皮沟密营养病。

夹皮沟密营里的医疗条件极差，就连基本的生活也得不到保障。陪护他的只有金熙善医生和郭池山、金哲镐等几位警卫员。身患重病离开了战场的魏拯民，心仍然时刻挂念着同日伪军英勇拼杀的战友，总向警卫员打听前方的情况，期待捷报。他躺在密营的地窨子里，日夜回想着这几年带领战士们同日伪军战斗的情景，分析着国际国内政治斗争局势和中共中央、毛泽东关于抗日的指示，想象着关内八路军同日本侵略者拼杀的战斗场面，他的心情很难平静下来。当他身体稍好一点的时候，就对警卫员说："去给我把笔和纸拿过来，我要把我这些天深入思考的斗争经验进行总结，记录下来。"

警卫员拿来纸和笔，魏拯民让警卫员把他扶起来，身靠在土墙上，以被当桌，不停地写起来，写累了，就顺势躺一会儿。严重的病情使他总是不停地咳嗽，有时还咳出鲜血来。他的呼吸越来越困难，有时憋得脸都发紫了。

警卫员看他痛苦的样子，多次劝他休息，魏拯民就是不听。警卫员趁他休息的时候，不得不把他的纸张笔墨藏起来，强迫他休息。魏拯民知道自己余下的时间已经不多了，恳切地对警卫员说："时间对我太宝贵了，工作怎么能停止呢？请把纸和笔给我吧！"

警卫员被他对党的一片赤诚所感动，眼里噙着泪花，只好又把纸和笔拿给他。

密营里存粮不多，不久就断粮了。战士们为了把仅有的一点粮食留给魏拯民吃，他们只好到山里捡蘑菇野菜充饥。为了能给魏拯民弄些吃的，警卫员郭池山通过一个熟悉的伪军军官的关系，帮助解决点给养。

桦甸县夹皮沟有位老人叫陈德寿，曾跟着魏拯民一起打过日伪军，他十分敬佩魏拯民。得知魏司令员病重住进了夹皮沟，就经常冒着危险，给密营的魏拯民送来自己舍不得吃的粮食和食盐。

1941 年年初，日伪对夹皮沟一带进山的所有道路封锁得更加严密了。陈德寿老人有一个多月的时间无法进山，山里山外断绝了联系。魏拯民和战士们一样，只能靠吃松子和树皮度日。魏拯民勉励大家说："眼前一点困难算不了什么，为了赶走日本侵略者，让全中国人民都过上好日子，我们连死都不怕，这点困难还克服不了吗？革命就像一座炼铁炉，是铁就越炼越坚硬，是渣滓就一定被抛弃。"

魏拯民知道自己再也不能走出这个密营，去同战友们一起驰骋疆场、奋勇杀敌了。他多次提出只让金熙善医生陪着他，其余的人到前线去战斗。

他深知，在战场上多一个人就多一分胜利的希望。可警卫战士们怎么也不肯离开，他们要守卫好司令员，望他早日康复。

在一个暴风雪的夜晚，陈德寿老人突然出现在密营，来到魏司令员面前。他是绕过多座山、穿越日伪的几道封锁，为司令员送粮食、盐和火柴的。

这时的魏拯民病得很重，连一口东西也吃不下去，大家见陈德寿来了，都十分高兴。魏拯民激动地想从炕上坐起来，可是费了很大的劲怎么也坐不起来，只好拉着老人的手说："老陈，怎么这么些日子没见你来呀？外面的情况怎么样？有抗联战士们的消息吗？"

陈德寿老人叹了口气说："别提了！夹皮沟所有进山的路都被敌人封锁了，最近也很少见到抗联活动，日本鬼子扬言要把抗联饿死冻死在山里。'集团部落'里也搜查得厉害，弄得老百姓不得安生啦！"

"真难为你了，这么困难的环境，你还来给我们送粮。"魏拯民说到这里停了停，他环视了一下四周的抗联战士们说：“敌人想切断我们和人民群众的联系，那是痴心妄想。大家应当牢记，不论在什么时候，人民群众都在支持我们！我们要把人民群众给予我们的支持化作力量，去消灭日本鬼子！”

陈德寿老人听了魏拯民的话，心里感到热乎乎的。他看了一眼地窨子边的锅里，煮的都是野菜和蘑菇，他心一酸，说道：“你们抗联为了咱老百姓，打日本鬼子把命都搭上了，连一口饭都吃不上，魏司令，这些日子叫你们受苦了！”

魏拯民猛咳了一阵，平静些后吃力地说道：“不要难过……革命就是艰苦的，咱们吃这点苦又算得了什么！要知道，干革命总是要流血牺牲的……别看敌人现在挺凶，他们是永远也侵占不了我们中国的。我们有共产党的领导，有人民的支持，一定会把日本鬼子赶出去的……我们还要打倒地主，解放劳苦群众……到那时候，我们就是新中国的主人了……”

陈德寿老人笑着说：“我今年都 50 开外的年纪了，恐怕赶不上那个好时候喽。”

魏拯民拉了拉老人的手说：“会赶上的！你以为这样的日子还很远吗？”

一句话把大伙都说乐了。因为还要赶路，陈德寿恋恋不舍地告别了魏拯民。

魏拯民顽强地同疾病作着斗争，他不停地咳嗽，有时咳嗽得喘不过气来。因肺部严重感染他还发着高烧。在生命的最后时刻，把自己的匣枪和一包文件交给警卫员，嘱托他们转交给党组织，并勉励他们：“你们都是好青年，一定要战斗到底……我不能为党继续工作了，革命全靠你们……不要难过，革命是艰苦的，要打倒敌人，就要流血牺牲，不要怕……我们的鲜血是绝不会白流的，我们革命的红旗，会插遍全中国……”

1941 年 1 月 20 日（农历十二月二十三日）上午 8 时，魏拯民病逝于桦甸县夹皮沟二道河子密营，年仅 32 岁。

魏拯民是东北抗日联军的著名将领之一，在领导第一路军开展东南满地区的抗日斗争中，以自己英勇的斗争精神和卓越的指挥才能，成为杨靖宇的得力助手、战友，也在中共东北组织和东北抗联中享有很高的威望。

1940 年 9 月，苏联方面给抗联各路军领导人杨靖宇（此时苏方尚不知道杨靖宇牺牲）、魏拯民、周保中、赵尚志、王效明、李兆麟、冯仲云、柴世荣、季青发出通知，请他们于 12 月前往苏联伯力开会（史称第二次伯力会议）。魏拯民因重病在身且消息断绝无从联系，因而未能到会。

1941 年 1 月 2 日和 5 日，中共吉东、南满和北满组织的负责人在苏联就中共东北组织的集中统一领导问题进行讨论。提出选举 3 人全满临时委员会。魏拯民、周保中、金策 3 人被推举为委员会候选人。正在病中的魏拯民虽未到会，但仍然被推举为候选人。

曾在一起共同战斗过的朝鲜劳动党和朝鲜民主主义人民共和国创始人金日成回忆说：“他的外貌，很像个大学教授，不是军人型，是个文人型、思索型的人。若不是闹革命，他很可能是为科学研究、著书立说奉献一生的人。他的特点是，为人淳朴真诚，待人随和谦逊，做事认真圆熟。”

东北抗联战士对魏拯民的印象是：“感觉他和

蔼可亲，是一个文人，理论修养很高，写作能力强，他总是写东西，对伪军宣传单、告同胞书等都是他亲自写的。”

魏拯民领导的东北抗联第2军也成为东北抗联其他部队学习的榜样。东北抗联第5军在《抗联第2军和第5军政治军事情况的材料（1937年）》中提到：“2军的队员养成刻苦耐劳俭朴的风气。可是队员的爱美爱修饰，无论经济怎样困难，总是穿很整洁的军服，爱惜武器，保护枪械是无可比拟。

“在2军中，中国人与高丽人没有民族差别和歧视，没有过民族隔阂的严重问题。2军的高丽队员无一人不会唱歌跳舞，而5军的中国队员也跟着学习跳舞。2军的队员和5军的队员一样有很高的自觉性，遵守革命军事纪律。2军的纪律是很严的。

“在东满以至辽吉毗连区域，2军成为一切抗日队伍有威信的骨干军队，民众也很热忱拥护。

“现在2军的重要干部魏拯民同志以下的重要干部有金日成、陈翰章、周树东、曹亚范、侯国忠、方振声、吕伯岐、林伯水、崔春国、伊俊山，这些同志都是久经战斗，富有知识能力和革命天才不可多得的人物。”

魏拯民的牺牲是中共东北组织和东北抗日联军的重大损失。

05 尾　声

魏拯民病逝后，因山上冻土未开，警卫战士把他的遗体用圆木丘了起来，准备以后再安葬，然后含泪离开了密营。

1941 年 3 月，跟随魏拯民的一个姓张的战士，下山后不久就当了叛徒，他带领日本守备队来到密营，打开魏拯民的棺柩，拖出遗体，割下头颅，拿到夹皮沟照相后，又放到木笼里挂在围墙上示众，并在伪报纸上大肆宣扬这一“赫赫战果”。魏拯民的遗体被残暴的日军拖到一棵大松树下，架火焚烧。

自魏拯民转入夹皮沟密营治病后，东北抗日联军的生存环境更加险恶，东北抗联第一路军余部陆续从珲春、东宁一带越境进入苏联。1941 年 1 月，第一路军警卫旅和第二、第三方面军越境部队

88 人被编入南野营进行集中整训。3 月，第一路军越境部队改编为第一路军第一支队，金日成任支队长，安吉为参谋长。

东北抗联部队经过一段时间的休整，一部分队伍先行返回东北进行小部队游击活动，继续开展艰苦的抗日斗争。

最早被派遣回东北执行任务的是第一路军金日成小部队。东北抗联第一路军余部越境入苏后，尚未得知第一路军副总司令魏拯民病逝及其所率队伍的确切消息，他们返回的主要任务就是寻找魏拯民的下落。此外，还有一部分与主力失去联系的第一路军部队也需要他们设法寻找。

1941 年 4 月 9 日，东北抗联第一路军第一支队支队长金日成率领第一路军小部队越境回到东北。这支小部队由朴德山、董崇斌、金铁宇、柳三孙等 29 人组成。这支小部队一直活动到 1941 年 11 月 12 日才返回野营。其间，他们找到了金日成在 1940 年与魏拯民分手的寒葱沟密营，那里已没有抗联踪迹，只是通过根据地群众得知魏拯民病逝的消息，但无法确认。

1941 年年底，曾经护卫过魏拯民的郭池山辗转进入苏联，在海参崴见到了金日成。郭池山拿出一把匣枪，声音嘶哑地对金日成说：“这是魏副总司令的匣枪。”

金日成接过匣枪，怎么也张不开口问：“他怎么了？”他心中明白，不见魏拯民，只有他的匣枪来了，魏拯民牺牲的消息是确切的了。

1943 年，郭池山参加抗联小部队回国执行任务，返回时不幸牺牲。郭池山是很少的几个知道去往魏拯民生前密营确切路径的人，他的牺牲也使得魏拯民的遗骨下落变得难以寻觅。

新中国成立后，魏拯民昔日的战友、东北抗联其他领导人，都十分重视寻找魏拯民遗骨并妥善安葬，东北烈士纪念馆、吉林省博物馆、吉林市博物馆等都多次组织人寻找，但因魏拯民病逝的密营极为隐秘，几次搜寻，都没有找到。

1961 年 10 月，曾当过 5 年魏拯民的通讯员，时任延边朝鲜族自治州副州长吕英俊，受曾担任过中共满洲省委秘书长、抗联第三路军政治委员的国务院水利电力部副部长冯仲云的委托，率领

“魏拯民遗骨踏查队”，在中共夹皮沟镇党委书记于世昌的帮助下，经过艰难的搜寻，终于在夹皮沟牡丹峰下小二道河子抗联密营中找到了魏拯民烈士殉国地。

密营三面高山环抱，一面沟深谷峻，当中地势开阔。在一处平缓的山坡上，倚山向阳，有两个依山势搭建的半穴式地窨子的废墟，杂草遮掩着残墙断壁，朽梁横压着烂木碎石。这两个地窨子都呈长方形，面积约十六七平方米，石板搭的火炕早已塌陷，墙壁上留着烟熏的痕迹。房顶是用圆木棚起，上面覆以树木杂草，完全看不出房子的痕迹。两个地窨子紧紧相连，两个房门互相面对，一棵高大的松树正好挡住两个房门，真是绝好的天然屏障。松树下部，被火烧焦的痕迹清晰可见，不远处，一洼清泉清澈透明，一堆扒去树皮的松树干堆放在草地上，已经朽烂了。周围的树林中，到处可以看见抗联战士用刺刀、斧头剥过皮的红松树，尽管已经枯死，但仍高高耸立，直插云天。

据知情者回忆，左边地窨子是魏拯民居住的，右边住的是警卫战士。日本鬼子就在地窨子门口的松树下，焚烧了魏拯民的遗体。踏查队员们来到松树下，扒开厚厚的青苔，露出了骨灰，吕英俊拿起烧剩的布丝，见是黄呢子布料，说：“魏司令生前穿一件日军的黄呢子衣服，这骨灰肯定是魏司令的了。”

踏查队马上把这个消息报告了吉林省委。吉林省委办公厅指示，先把遗骨就地安葬，待请示中央后，再做处理。随后，踏查队继续对魏拯民密营作了深入调查了解。根据群众提供的线索，找到了当年被日本人强迫背给养的农民王树义，问他知不知道日本人焚烧魏拯民遗骨的事。

王树义回答说：“我知道啊，我就在跟前儿。鬼子烧了魏司令的遗体，就剩下几块大点的骨头，我从密营里捡了一个破脸盆，偷着把那几块骨头盛了起来，找个地方埋上了。怕以后找不着，我还立了一个木桩子。”

按照王树义指的方位，踏查队找到了早已倒在地上朽烂了的木桩，铲开下面的青苔，露出一块腿骨，一块盆骨。魏拯民的遗骨终于找到了。

踏查队员找了一棵粗树，把一面树皮扒掉削平，写下了几行字：

抗联密营

魏拯民同志是东北抗日联军第一路军副总指挥兼南满省委书记。他生前在这个密营里领导了艰苦的抗日斗争，于一九四一年因病在这里逝世，为了纪念革命先烈，必须坚决保护它。

延边朝鲜族自治州

魏拯民遗骨踏查队

吕英俊　金万锡　方文洽

于世昌　全炳宪　金奎善

一九六一年十月廿三日立

这棵写着告示的大树，至今仍屹立在魏拯民烈士殉国地。

魏拯民遗骨发现后，许多人来到这偏僻的深山老林，吊唁、祭奠、瞻仰、拜谒。

1971 年 3 月 17 日，魏拯民之子关明珠从山西省长治市抵达桦甸县，在县民政局的安排下，来到夹皮沟悼念父亲魏拯民。在临走的时候，他在父亲当年饮用过的井泉里，灌了一壶水。他要带着父亲生前饮过的井泉里的水，让自己的儿女们及亲友都尝一尝。

之后，在中共夹皮沟镇党委的安排下，关明珠拜见了当年冒着生命危险，多次给魏拯民送给养的、已经 84 岁的陈德寿老人，向他表示了深切的致谢，并同老人合影留念。

魏拯民去世后，人们以各种形式缅怀纪念他。

1956 年 5 月 10 日，朝鲜劳动党总书记金日成，委托朝鲜驻华大使馆，给关明珠写信，询问家里生活状况，表达对老战友的深切怀念。

1958 年 10 月 17 日，魏拯民的老战友，东北抗日联军第一路军第 2 军第 3 师的林春秋（朝族人，时任朝鲜驻阿尔巴尼亚大使）给魏拯民之子关明珠写信说："你的父亲——中共南满省委书记魏拯民（一名民生，本名关有维）同志，是我敬爱的革命干部中的一个人。因为他是朝中人民并肩携手，反对共同敌人——日本侵略者而共同斗争中，贡献了辉煌灿烂的功绩。我是永远不能忘记，你父魏同志坚韧不拔的马列主义思想观点和立场，他是中国人民中产生的优秀的国际主义革命烈士。”

1961 年 10 月，金日成对到访的冯仲云一行说：“魏拯民是中国的革命家，是支持朝鲜的革命家，是为朝鲜革命煞费苦心的人。”“是在朝鲜革命经受最严峻考验的时候，真诚地支持了我们的好战友，所以我常常怀念他。”“魏拯民同志对朝鲜革命是有功的，大家应该很好地纪念他。”

1981 年，“魏拯民殉国地”被列为吉林省第二批省级文物保护单位。1986 年吉林市人民政府决定，在风景秀丽的北山公园修建“魏拯民烈士陵园”。

1995 年 4 月 5 日，在吉林市革命烈士纪念馆广场，举行了隆重的“吉林省爱国主义教育基地揭匾暨吉林市革命烈士纪念馆开馆仪式”，吉林市党政军民学 1200 余人参加了大会。

2000 年 9 月 3 日，魏拯民烈士的遗骨，从其殉国地迁到了吉林市革命烈士陵园内，并举行了隆重的遗骨安葬仪式。

在吉林市革命烈士陵园，一座魏拯民烈士青

铜塑像矗立在中间，供后人永久纪念。每年的清明节、五四、七一、八一和抗日战争胜利纪念日等重要日子，吉林市党政军民学和各界群众，都到这里举行纪念参观和各种主题教育活动。

桦甸的魏拯民将军殉国地，至今每当烈士殉难之日和清明时节，全国各地各界人士，不畏艰苦，沿着抗联足迹来到这里，缅怀先烈。英灵已去，丰碑永存!

后　记

魏拯民烈士殉国已经80多年了，他曾经浴血奋战保卫过的国家，如今繁荣昌盛；他曾经舍生忘死保卫过的人民，如今幸福安康。魏拯民英雄壮烈的一生，体现了“忠诚于党的坚定信念；勇赴国难的民族大义；血战到底的英雄气概”的伟大东北抗联精神，是一面永远飘扬的爱国主义旗帜。

纪念魏拯民，就是要学习他不忘初心，矢志不渝，始终坚持崇高理想，坚定信念，对党和人民无限忠诚的精神。学习他始终坚持党的领导，政治建军，倾力建设人民军队的精神。学习他始终坚持实事求是，敢于创新，善于把革命理论和斗争实际相结合的精神。学习他始终坚持不怕牺牲，战斗到底，为革命勇于献身的精神。学习他始终坚持严于律己，率先垂范，甘当孺子牛的精神。

正如习近平总书记所说："一切伟大的事业都需要在承前启后、继往开来中推进。我们要发扬光荣传统、传承红色基因，不忘初心、继续前进，努力在坚持和发展中国特色社会主义伟大进程中创造无愧于时代、无愧于人民、无愧于先辈的业绩。这是我们对老一辈革命家最好的纪念。"我们要继承魏拯民的遗志，完成他未竟的事业，向着全面建成社会主义现代化强国，实现中华民族伟大复兴大步迈进！

本书充分吸收了近年来，全国特别是东北三省党史部门和研究人员，对魏拯民生平事迹和思想的研究成果，力图全面反映魏拯民从一名立志救国救民的热血青年到成为东北抗日联军主要创建和领导者之一的人生辉煌篇章，展示他为中华民族独立解放事业作出的重要贡献，以传承英烈精神，赓续红色血脉。本书在编写过程中得到军事科学院军队政治工作研究院领导和机关的大力支持。岳思平、康月田、李博、陈力等多位专家学者进行了审读，提出了宝贵的意见。

主要参考书目有《东北地区革命历史文件汇集》（中央档案馆、辽宁省档案馆、吉林省档案馆、黑龙江省档案馆编）、《东北抗日联军史（上、下册）》（《东北抗日联军史》编写组著/中共党史出版社）、《可歌可泣的诗篇——毛泽东与东北抗日联军》（辽宁社会科学院地方党史研究所著/中央文献出版社）、《杨靖宇传》（赵俊清著/黑龙江人民出版社）、《李兆麟传》（赵俊清著/黑龙江人民出版社）、《周保中传》（赵俊清著/黑龙江人民出版社）、《与世纪同行——金日成回忆录》（金日成著/外文出版社）、《东满抗日斗争烽火》（中共吉林省委党史研究室编）、《中国共产党哈尔滨历史（第一卷）》（中共哈尔滨市委党史研究室著/黑龙江人民出版社）、《（中国共产党哈尔滨大事记（1919—2020）》（中共哈尔滨市委党史研究室编）、《江城英烈》（佟杰主编/吉林文史出版社）、《哈尔滨文资料·第20辑（哈尔滨文史人物）》（政协哈尔滨委员会编/哈尔滨出版社）、《雪落长白——从屯留走出的东北抗联民族英雄魏拯民》（政协屯留县委员会文史资料委员会编）。

在此，谨向关心和帮助本书编写工作的各位领导、专家学者，以及上述书目的作者、编辑致以最诚挚的谢意！

图书在版编目（CIP）数据

魏拯民 / 军事科学院解放军党史军史研究中心编.
北京 : 学习出版社, 2025. 6. -- (中华先烈人物故事汇). -- ISBN 978-7-5147-1357-2

Ⅰ. K825.2

中国国家版本馆CIP数据核字第2025SS1326号

魏拯民
WEI ZHENGMIN
军事科学院解放军党史军史研究中心

责任编辑：聂夏菲　彭绍骏　封面绘画：刘书移
技术编辑：刘　硕　　　　　内文插图：韩新维
美术编辑：杨　洪　　　　　装帧设计：映　谷

出版发行：学习出版社
　　　　　北京市东城区崇外大街11号新成文化大厦B座11层
　　　　　（100062）
　　　　　010-66063020　010-66061634　010-66061646
网　　址：http://www.xuexiph.cn
经　　销：新华书店
印　　刷：河北鹏润印刷有限公司

开　　本：787毫米×1092毫米　1/32
印　　张：5.5
字　　数：70千字
版次印次：2025年6月第1版　2025年6月第1次印刷

书　　号：ISBN 978-7-5147-1357-2
定　　价：24.00元